Kohlhammer

Die Autorin

Wienke Bracht, Heilpädagogin, nach dem Studium zunächst Berufspraxis in der mobilen Frühförderung, darauffolgend in einer integrativen Kindertagesstätte. Seit mehreren Jahren ist sie am Hamburger Autismus Institut tätig und bietet außerdem zu verschiedenen Themen rund um Autismus-Spektrum-Störungen Fortbildungen an.

Wienke Bracht

Kinder mit Autismus in der Kita

Grundwissen und Hilfen für die Praxis

Verlag W. Kohlhammer

Dieses Werk einschließlich aller seiner Teile ist urheberrechtlich geschützt. Jede Verwendung außerhalb der engen Grenzen des Urheberrechts ist ohne Zustimmung des Verlags unzulässig und strafbar. Das gilt insbesondere für Vervielfältigungen, Übersetzungen, Mikroverfilmungen und für die Einspeicherung und Verarbeitung in elektronischen Systemen.

Die Wiedergabe von Warenbezeichnungen, Handelsnamen und sonstigen Kennzeichen in diesem Buch berechtigt nicht zu der Annahme, dass diese von jedermann frei benutzt werden dürfen. Vielmehr kann es sich auch dann um eingetragene Warenzeichen oder sonstige geschützte Kennzeichen handeln, wenn sie nicht eigens als solche gekennzeichnet sind.

Es konnten nicht alle Rechtsinhaber von Abbildungen ermittelt werden. Sollte dem Verlag gegenüber der Nachweis der Rechtsinhaberschaft geführt werden, wird das branchenübliche Honorar nachträglich gezahlt.

Dieses Werk enthält Hinweise/Links zu externen Websites Dritter, auf deren Inhalt der Verlag keinen Einfluss hat und die der Haftung der jeweiligen Seitenanbieter oder -betreiber unterliegen. Zum Zeitpunkt der Verlinkung wurden die externen Websites auf mögliche Rechtsverstöße überprüft und dabei keine Rechtsverletzung festgestellt. Ohne konkrete Hinweise auf eine solche Rechtsverletzung ist eine permanente inhaltliche Kontrolle der verlinkten Seiten nicht zumutbar. Sollten jedoch Rechtsverletzungen bekannt werden, werden die betroffenen externen Links soweit möglich unverzüglich entfernt.

1. Auflage 2025

Alle Rechte vorbehalten
© W. Kohlhammer GmbH, Stuttgart
Gesamtherstellung: W. Kohlhammer GmbH, Heßbrühlstr. 69, 70565 Stuttgart
produktsicherheit@kohlhammer.de

Print:
ISBN 978-3-17-044599-4

E-Book-Formate:
pdf: ISBN 978-3-17-044600-7
epub: ISBN 978-3-17-044601-4

Inhalt

1	**Kurze Einordnung: Was ist Autismus?**	**7**
1.1	Definition und Hintergründe	7
1.2	Autismusspezifische Besonderheiten	11
1.3	Schlussfolgerungen	22
2	**Wie zeigt sich Autismus in der Kita?**	**25**
2.1	Möglicher Kita-Alltag eines autistischen Kindes	28
2.2	Warum herausfordernde Verhaltensweisen entstehen, was sie sind und wie man damit umgehen kann	31
2.3	Hinweise zu Krisen und Krisenmanagement	44
2.4	Hinweise für sensible Elterngespräche bei einem Verdacht auf Autismus	48
2.5	Umgang mit Wartezeiten zur Diagnostik und einer intensiven Förderung	59
3	**Praktische Tipps für den Kita-Alltag**	**71**
3.1	Zugangswege zum Kind finden	72
3.2	Allgemeine Hinweise für eher schwierige Situationen	76
	3.2.1 Übergang in die Kita (Eingewöhnung)	80
	3.2.2 Morgens ankommen	86
	3.2.3 Esssituation	89
	3.2.4 Freispiel	93
	3.2.5 Kreisgestaltung	96
	3.2.6 Ausflüge	99
	3.2.7 Sauberkeitserziehung	101

	3.2.8 Schlaf	103
	3.2.9 Wechsel zur Schule	107
	3.2.10 Veränderungen	111
	3.2.11 Rituale und Routinen	114
3.3	Aufklärung in der Kindertageseinrichtung (Kinder und Eltern)	115
3.4	Hinweise zur begleitenden Elternberatung	119
3.5	Umgang mit unterschiedlichen Haltungen von Kolleg:innen oder anderen Fachkräften	123
3.6	Gezielte Unterstützungsimpulse und Anregungen für Kindertageseinrichtungen nach Fähigkeitsbereichen	127
	3.6.1 Schlüsselkompetenzen	128
	3.6.2 Kommunikation	132
	3.6.3 Wahrnehmung	137
	3.6.4 Emotionale Fähigkeiten	144
	3.6.5 Soziale Fähigkeiten	147
	3.6.6 Anpassungsmöglichkeiten des Umfeldes (Strukturierungen und Visualisierungen)	151
4	**Abschließendes**	**160**
Literaturverzeichnis		**163**

1 Kurze Einordnung: Was ist Autismus?

Beginnt man, sich mit Autismus auseinanderzusetzen, oder fällt das Wort Autismus, gibt es womöglich bereits Erfahrungen, auf die man zurückgreifen kann. Es gibt ein sehr bekanntes Sprichwort: »Kennst du einen Autisten, kennst du genau einen Autisten« (von unbekannt). Vielleicht gibt es im privaten Umfeld die eine oder andere Person[1], die eine Autismus-Diagnose erhalten hat. Vielleicht ist man im beruflichen Kontext bereits mit Autismus konfrontiert worden und nicht zuletzt prägen auch Medien unsere Vorstellungen. Autismus wird z. B. in Serien und Spielfilmen aufgegriffen und formt so auch das Verständnis, dass man bereits über Autismus entwickelt hat. Da dieses oft einseitig ist und nur bestimmte Aspekte berücksichtigt, wird im nachfolgenden Teil kurz eingeordnet: Was ist Autismus?

1.1 Definition und Hintergründe

Die Diagnose »Autismus« (bzw. Autismus-Spektrum-Störung) wird i. d. R. nicht von Kinderärzt:innen gestellt, sondern der/die Kinderärzt:in kann den Verdacht äußern und eine Überweisung erstellen, mit der die Familie z. B. zu einem Sozialpädiatrischen Zentrum (SPZ) oder einer/einem Kin-

---

1 Im Folgenden werden unterschiedliche Schreibweisen benutzt: person-first (Kind mit Autismus) und identiy-first (autistisches Kind), um beide Formen aufzugreifen, ohne eine zu bevorzugen.

1 Kurze Einordnung: Was ist Autismus?

der- und Jugendlichenpsychiater:in geht. Hier findet dann eine fundierte Autismus-Diagnostik statt. Häufig beinhaltet dies mehrere Termine, in denen den Eltern[2] Fragen zu Verhaltensweisen und zur Entwicklung gestellt werden. In der Regel werden standardisierte Testverfahren angewandt, sodass eine Diagnostik in mehreren Terminen stattfindet. Dabei werden Aufgaben an das Kind gestellt und so autismusbedingte Symptomatiken erfasst und eingeordnet. Die Diagnostik kann ambulant oder auch während eines stationären Aufenthalts stattfinden (je nach Einrichtung und Angebot der Einrichtung). Je nach Einschätzung der Fachkraft werden auch andere Behinderungen oder Störungen z. B. durch Testverfahren ausgeschlossen. Wenn andere Erkrankungen oder Behinderungen ausgeschlossen werden können, beschreibt der/die Diagnostiker:in in einem Bericht die Beobachtungen und erfassten Kompetenzen und vergibt die Diagnose, hält sie also schriftlich fest. Die Eltern erhalten dann i. d. R. einen Diagnostikbericht.

Die Diagnose »Autismus« ist klassifiziert im ICD-10 bzw. ICD-11. ICD steht dabei für International Classification of Diseases. Hier sind alle Diagnosen aufgelistet, die es gibt und vergeben werden können, zusammen mit den Kriterien, die zutreffen müssen, um die Diagnose vergeben zu können. Definiert ist dies von der Weltgesundheitsorganisation und wird nicht nur in Deutschland angewandt. Im ICD wird ein Diagnoseschlüssel festgelegt, der bestimmten Krankheiten und Behinderungen zugeordnet wird. Also auch, wenn man Kopfschmerzen hat und zum/zur Hausärzt:in geht, vergibt diese:r anhand der beschriebenen Symptomatik oder im Zuge seiner/ihrer Untersuchung eine Diagnose mit entsprechendem Diagnoseschlüssel, der dann bspw. auch auf einer Arbeitsunfähigkeitsbescheinigung vermerkt ist. Diese Kriterien werden immer wieder überarbeitet, da es neue Entwicklungen gibt oder neue Behinderungen/Krankheiten definiert werden sowie neue wissenschaftliche Erkenntnisse über Behinderungen/Krankheiten gemacht werden, die eine Überarbeitung notwendig machen.

Auch wenn die Autismus-Diagnose vergeben wird, stellt der/die Diagnostiker:in also eine Diagnose nach ICD-10 bzw. ICD-11. Autismus wird hier unter F84 codiert (im ICD-10). Damit wird Autismus bzw. die Au-

---

2 Eltern stehen hier und im Folgenden stellvertretend für die engsten Bezugspersonen/Sorgeberechtigten des Kindes.

tismus-Spektrum-Störung als sog. tiefgreifende Entwicklungsstörung klassifiziert. Am 01.01.2022 trat die aktualisierte Form des ICD in Kraft. In der alten Fassung (ICD-10) wird noch unterteilt in frühkindlichen Autismus, atypischen Autismus, Asperger-Syndrom. In der neuen Form, dem ICD-11, findet keine Kategorisierung mehr statt, sondern nur noch die Diagnose: *Autismus-Spektrum-Störung*. Die vorher unterteilten Diagnosen werden also in einem Spektrum zusammengefasst. Es gibt nach Inkrafttreten des ICD-11 eine flexible Übergangszeit, in der sich die Diagnostiker:innen und Mediziner:innen mit den neuen Änderungen auseinandersetzen können. Die konkrete Einführung in den klinischen Alltag in Deutschland ist noch nicht umgesetzt, daher scheint ein grundlegendes Wissen über die früheren Unterscheidungen bzw. die neue Klassifizierung sinnvoll.

Autismus gilt demnach als tiefgreifende Entwicklungsstörung, zeigt sich in der frühen Kindheit und kann nicht geheilt werden. Da die Diagnose aufgrund von Fähigkeiten bzw. Verhaltensweisen gestellt wird, ist eine Diagnostik erst ab einem Alter von ca. anderthalb Jahren möglich. Und auch dann sind sich Fachkräfte oft nicht sicher und stellen ggf. einen »Verdacht auf Autismus« fest. Je nach Fähigkeiten oder auch Anpassungsleistungen (auch des Umfeldes) und trotz verbesserter Diagnostikmöglichkeiten wird die Diagnose teilweise erst recht spät gestellt. Bei vielen Kindern wird es erst später erkannt, wenn bspw. Schwierigkeiten in der weiterführenden Schule auftreten. Manche erhalten die Diagnose erst im Erwachsenenalter und erleben es als Erleichterung, »endlich« eine Erklärung für ihre Schwierigkeiten zu erhalten.

Insgesamt kann man in den letzten Jahren und Jahrzehnten eine Zunahme der Diagnosen bemerken. Zum einen gibt es eine bessere bzw. standardisiertere Diagnostik, also einheitlichere und damit vergleichbarere Möglichkeiten innerhalb der Diagnostik, um auch mögliche andere Diagnosen von Autismus abzugrenzen. Zum anderen gibt es bei den Diagnostiker:innen und Mediziner:innen ein stärkeres Bewusstsein für Autismus. Die Angaben zur Häufigkeit variieren, da es regionale Unterschiede gibt. Man geht davon aus, dass sich ungefähr ein Mensch pro 100 Menschen im Autismus-Spektrum befindet (vgl. Kamp-Becker & Bölte, 2024). Dabei gibt es mehr diagnostizierte Jungen als Mädchen (ca. vier bis fünf Jungen auf ein Mädchen, vgl. Kamp-Becker & Bölte, 2024).

1 Kurze Einordnung: Was ist Autismus?

Man geht aber auch davon aus, dass die Dunkelziffer an nicht diagnostizierten Autist:innen recht hoch ist. Beispielsweise entwickeln Mädchen oft Anpassungsstrategien, die dem Umfeld nicht weiter auffallen und die dann auch nicht diagnostiziert werden, obwohl sie vielleicht im Autismus-Spektrum liegen.

Wissenschaftler:innen gehen davon aus, dass es neuronale Besonderheiten gibt, wenn Autismus vorliegt. Dennoch kann noch nicht klar und konkret benannt werden, welche Veränderungen vorliegen, und auch bei den Ursachen einer Autismus-Spektrum-Störung sind einige Faktoren noch unklar und noch nicht konkret erforscht. Man konnte eine gewisse Vererbbarkeit von Autismus feststellen, wobei sich z. B. bei Zwillingen nicht immer zeigt, dass beide betroffen sind (vgl. Kamp-Becker & Bölte, 2024). Es bedarf weiterer Forschung, um die konkreten Ursachen für das Entstehen einer Autismus-Spektrum-Störung zu identifizieren. Allerdings konnte widerlegt werden, dass entgegen früheren Ansichten weder das elterliche Verhalten (vgl. Kamp-Becker & Bölte, 2024) noch Schädigungen von Impfungen (vgl. Dodd, 2007) Ursachen für Autismus sind.

Im Zuge einer Autismus-Diagnostik gilt es, dass die Diagnostiker:innen fundiert abklären müssen, ob andere Gründe für das gezeigte Verhalten existieren. Es muss also in einer sog. Differentialdiagnostik abgeklärt werden, ob auch andere Erkrankungen oder Behinderungen oder Störungen vorliegen können. Wenn es allerdings zu einer Autismus-Diagnose kommt, gilt es weiterhin zu klären, ob neben einer Autismus-Spektrum-Störung auch andere Krankheiten oder Behinderungen vorliegen. Manche Kinder mit einer Autismus-Spektrum-Störung sind bspw. auch von Epilepsie betroffen. Das Wissen darum ist hilfreich, um geeignete Maßnahmen für das Kind zu treffen, und die Fachkräfte[3] einer Kindertageseinrichtung[4] können sich gezielt schulen, um Sicherheit im Umgang damit zu

---

3 Als Fachkraft in einer Kindertageseinrichtung werden im Folgenden alle Arbeitenden in diesem Kontext angesprochen, also Erzieher:innen, Heilerziehungspfleger:innen, Heilpädagog:innen, Therapeut:innen, sozialpädagogische Assistent:innen, Kinderpfleger:innen usw.

4 Als Kindertageseinrichtung sind alle Angebote der frühkindlichen und vorschulischen Bildung gemeint. Hier gibt es teilweise regionale Unterschiede, daher wird der Überbegriff der Kindertageseinrichtung gewählt.

erlangen.
Aber was bedeutet die Diagnose »Autismus« konkret?

1.2 Autismusspezifische Besonderheiten

Der Bundesverband Autismus veröffentlicht folgende Definition:

»Autismus ist eine komplexe und vielgestaltige neurologische Entwicklungsstörung. Häufig bezeichnet man Autismus bzw. Autismus-Spektrum-Störungen auch als Störungen der Informations- und Wahrnehmungsverarbeitung, die sich auf die Entwicklung der sozialen Interaktion der Kommunikation und des Verhaltensrepertoirs auswirken.«[5]

Im Kontext von Autismus spricht man häufig von einer autismusspezifischen Reizverarbeitung bzw. einer autismusspezifischen Wahrnehmungsverarbeitung[6]. Im Zuge des Wahrnehmungsprozesses bekommt das Gehirn – vereinfacht dargestellt – Informationen über die eingehenden Reize, die mit allen Sinnen aufgenommen werden. Das sind die körpernahen Sinne (taktil – fühlen, olfaktorisch – riechen, gustatorisch – schmecken und über die Tiefenwahrnehmung und den Gleichgewichtssinn) und die Fernsinne (auditiv – hören, visuell – sehen) (vgl. Ayres, 2016). Diese Reize und auch Reizkombinationen, also das gleichzeitige Aufnehmen von Reizen auf

---

5 Vgl. z. B. https://www.autismus.de/was-ist-autismus.html (Zugriff am 16.05.2024).

6 Die nachfolgenden Schilderungen sind der Versuch, weit verbreitete Theorien über eine autismusspezifische Wahrnehmungsverarbeitung nachvollziehbar darzustellen. Es handelt sich dabei um Theorien, die durch neue Erkenntnisse oder Ideen verändert, ergänzt oder mit neuen Theorien konfrontiert werden. So gibt es bspw. auch die Theorie des »prädikativen Gehirns«, also (vereinfacht), dass das Gehirn ständig Vorhersagen trifft und diese mit den empfangenen Reizen abgleicht (vgl. Vermeulen, 2024). Es gibt weiterhin viele ungeklärte Fragen und unerforschte Zusammenhänge bezüglich unseres Gehirns und der Verarbeitung von Reizen, sodass sich unser Verständnis mit entsprechenden Forschungsergebnissen sicher im Laufe der Zeit erweitern wird.

mehreren Sinneskanälen, werden im Gehirn verarbeitet und bestimmen, wie wir handeln, was wir fühlen und was wir denken. Dieses Zusammenspiel schafft dann ein Bild und ein Verständnis von der Welt. Auch bei kleineren Veränderungen schafft es unser Gehirn, diese Reize so zu verarbeiten, dass wir in einer Situation angemessen handeln und auf bisherige Strategien zurückgreifen können. Wir passen unser Verhalten an und können so auch mit neuen Begebenheiten umgehen. Also besteht die Wahrnehmung ganz grundlegend beschrieben in einer Reizaufnahme, darauf folgt die Weiterleitung des Reizes und schließlich die Verarbeitung. Dabei ist es nötig, dass unser Gehirn Reize filtert. Dies passiert, ohne dass wir uns ständig Gedanken darüber machen müssen, ganz unbewusst. Das Auswählen der für uns gerade wichtigen Reize passiert automatisch und benötigt kaum spürbar Energie.

Autismusspezifische Besonderheiten in der Wahrnehmung

Bei autistischen Menschen geht man davon aus, dass es innerhalb dieses Wahrnehmungsprozesses Schwierigkeiten gibt, der Wahrnehmungsprozess wird gestört. Das bedeutet, dass die unbewusste Selektion und Integration unterschiedlicher, aber zusammengehöriger Reize nicht funktioniert (vgl. Matzies-Köhler, 2015). Das, was in dem Moment wichtig ist und fokussiert werden sollte, geht dann unter. Das kann z. B. bedeuten, dass beim Morgenkreis im Kindergarten nicht nur die Stimme des/der Pädagog:in, der/die den Morgenkreis leitet, wahrgenommen wird, sondern dass ein autistisches Kind alle anderen Hintergrundgeräusche ebenso laut wahrnimmt, also z. B. das Telefon, das im Nebenraum klingelt, die anderen Kinder, die mit Kleidung rascheln usw. Die Aufmerksamkeit des autistischen Kindes richtet sich dann nicht automatisch auf das Geforderte (vgl. Schirmer, 2018). Diese Auswahl, was gerade wichtig ist, muss bewusst getroffen werden. Auch das Zusammenspiel mehrerer Reizsysteme spielt hier eine Rolle, um nötige Informationen für ein eigenes Handeln erlangen zu können.

Mit einer autismusspezifischen Wahrnehmungsverarbeitung zeigen sich dann im konkreten Verhalten Überempfindlichkeiten oder auch Unterempfindlichkeiten in den einzelnen Wahrnehmungsbereichen.

Klassische Beispiele für eine Überempfindlichkeit im auditiven Bereich sind Kinder, die in lauten Umgebungen besonders gestresst sind und teilweise auch mit herausfordernden Verhaltensweisen auf die Situation reagieren. Insgesamt kann es die betroffenen Kinder ganz schnell verunsichern, wenn in der Wahrnehmungsverarbeitung eine Störung vorliegt oder die Wahrnehmungsverarbeitung verzögert passiert. Die Informationen, die beim Gehirn von den einzelnen Sinnesorganen ankommen, passen dann z.B. nicht zueinander und erzeugen Unsicherheiten. Ein Beispiel: Stellen Sie sich vor, Sie stehen an einer Straße. Sie schließen die Augen und hören ein entferntes, aber sich näherndes Motorengeräusch. Sie öffnen die Augen und das Auto ist direkt vor Ihnen, sodass Sie vor Schreck einen Schritt zurücktreten. Wenn man Schwierigkeiten in der Wahrnehmungsverarbeitung hat, ergibt sich oft kein passendes Gesamtbild. Das erzeugt Unsicherheit und Chaos und führt zu einem erhöhten Stresserleben. Das Stressniveau von autistischen Menschen ist häufig höher. Zu diesem beschriebenen Grundstress kommen noch andere Stressoren im Laufe eines Alltags dazu. Wenn viele Reize zueinander kommen, die überfordernd wirken, kann es auch zu einem sog. »sensory overload« kommen. Das heißt, dass das Kind dann nicht mehr mit den auf es einprasselnden Reizen adäquat umgehen kann, der Stress ist zu hoch und es ist eine Überforderungssituation. Dann ist eine mögliche Reaktion, dass die Kinder sich zum Selbstschutz ›abschalten‹, also wie abwesend wirken. Es kann auch sein, dass die Kinder selbst laut werden, um bspw. die unangenehmen auditiven Reize zu übertönen und die Kontrolle über den Reiz zu erlangen. Auch hier ist es wieder wichtig, daran zu denken, dass die Reaktionen nicht gleich sind. Manchen Autist:innen fällt es bspw. eher leicht, in einem trubeligen Einkaufsgeschäft zu sein, andere haben mit dieser Situation große Schwierigkeiten. Auch die Tagesform und vorher Erlebtes spielen dabei eine Rolle. Dies macht es häufig nicht leicht, das Verhalten zu verstehen. Auch durch eine mögliche verzögerte Wahrnehmungsverarbeitung können noch Erlebnisse aus der Vergangenheit, die längst vorbei sind, Überforderungssituationen auslösen. Es können aber Handlungsstrategien erarbeitet werden, damit autistische Menschen mit stressigen Situationen entspannter umgehen können.

1 Kurze Einordnung: Was ist Autismus?

Die Störung in der Wahrnehmungsverarbeitung hat Auswirkungen auf die Kommunikation, auf die Interaktion und die Verhaltensweisen des Kindes. Diese drei Bereiche werden genau angeschaut, um eine Autismus-Diagnose zu stellen. Die Gesamtzahl der Symptome spielt dann für die Vergabe der Diagnose (nach ICD-10) eine Rolle. Da es sich wie beschrieben um ein Spektrum handelt, gibt es Unterschiede und verschiedene Ausprägungen von autismusspezifischen Besonderheiten. Jeder Mensch (also auch ein Mensch im Autismus-Spektrum) ist individuell und hat somit individuelle Herausforderungen und Stärken, die sich dann auch im Verhalten zeigen können. Beispielsweise gibt es durchaus autistische Kinder, die entgegen einem gängigen Vorurteil Körperkontakt angemessen ertragen können oder sogar als beruhigend empfinden. Das »nicht ertragen können« von Körperkontakt ist nach diesem Verständnis also als ein Verhalten einzuordnen, das (bedingt durch die Autismus-Spektrum-Störung) aus einer möglichen Überempfindlichkeit taktilen Reizen gegenüber resultieren kann.

Im Folgenden werden konkrete Beispiele von Verhaltensweisen genannt, die häufig in Zusammenhang mit einer Autismus-Spektrum-Störung gezeigt werden, um ein Verständnis, aber auch eine Sensibilität im Umgang mit ihnen zu erweitern.

Autismusspezifische Besonderheiten in der Kommunikation

Im Bereich der Kommunikation können unterschiedliche Besonderheiten beobachtet werden. Zum einen kann es eine ungewöhnliche Reaktion auf den Namensruf geben, ein autistisches Kind reagiert also nach Ruf aus der Ferne kaum oder nicht. Auch eine ungewöhnliche Form der Kontaktaufnahme kann beobachtet werden. So können bspw. bei autistischen Kindern auch herausfordernde Verhaltensweisen zur Kontaktaufnahme dienen. Dies kann z. B. sein, wenn die Kinder keine »angemessene« Möglichkeit zur Kontaktaufnahme zu gleichaltrigen Kindern gelernt haben und einfach nicht wissen, wie sie in den Kontakt treten können. Dazu kann man beobachten, dass autistische Kinder oft auch keine eigeninitiierten Kontaktaufnahmen gestalten und eher für sich spielen, also nicht aktiv auf z. B. Gleichaltrige zugehen.

Eine weitere autismusspezifische Besonderheit kann sein, dass verzögert oder kein sprachlicher Kontakt begonnen wird. Insgesamt können Sprachentwicklungsverzögerungen auftreten. Das Erkennen vom Sinn der Kommunikation kann gestört sein. Nicht-autistische Kinder können z. B. anhand der Reaktionen ihrer Umwelt merken, dass sie sich durch Kommunikation mitteilen können, bspw. Bedürfnisse äußern können. Das intentionale Einsetzen von Kommunikation, um bspw. etwas zu erreichen, wird von manchen autistischen Kindern nicht erkannt. Sie wiederholen einzelne Worte oder Wortphrasen echolalisch. Sie geben dann exakt das wieder, was man ihnen gesagt hat, ohne die Bedeutung nachzuvollziehen.

Auch können nonverbale Kommunikationsformen, also Gestik und Mimik, zu übertrieben oder wenig bis gar nicht eingesetzt werden, um Gesagtes zu unterstreichen. Auch wörtliches Verstehen bzw. die Konzentration auf den Sachinhalt einer Nachricht können beobachtet werden. Weiterhin können Besonderheiten in der Betonung, im Ausdruck, in der Melodik, der Satzstellung usw. beobachtet werden. Das indirekte Mitschwingen von unausgesprochenen sozialen Regeln können autistische Menschen oftmals nicht intuitiv erfassen. Wenn bspw. der Tonfall oder die Stimmlage eine Aufforderung vermitteln, wird diese häufig nicht erkannt. So können Missverständnisse entstehen. Auch entsteht häufig Frust bei autistischen Kindern, wenn sie sich nicht verstanden fühlen bzw. ihre Bedürfnisse nicht entsprechend äußern können (vgl. Lindmeier & Sallat & Ehrenberg, 2023).

Beispiel[7]: Kommunikation und versteckte Aufforderung

Eine Familie sitzt beim Essen zusammen. Der Vater fragt das Kind: »Kannst du mir bitte das Wasser reichen?« und der Junge antwortet: »Ja.« – ohne eine Handlung auszuführen. Der Junge hat die reine Sachfrage

---

7 Die im Verlauf geschilderten Beispiele beruhen auf Erfahrungen im Frühförderbereich/in der Kindertagesstätte/der Autismustherapie, sowohl aus Situationen mit autistischen Kindern als auch der Eltern- oder Umfeldberatung. Dennoch sind sie anonymisiert und abgeändert, um Rückschlüsse auf Identitäten zu verhindern.

korrekt beantwortet – die indirekt transportierte Aufforderung des Vaters, dass der Junge ihm die Flasche auch reicht, hat er nicht interpretiert. Dies könnte der Vater als Provokation deuten und so entstehen oft Missverständnisse und Frust, weil diese Erfahrungen im alltäglichen Miteinander entstehen.

Autismusspezifische Besonderheiten in der sozialen Interaktion

Ein häufig auffallendes Verhalten im Zusammenhang mit Autismus im Bereich der sozialen Interaktion ist der Augenkontakt bzw. das Blickkontaktverhalten. Dabei wird dieser häufig vermieden oder nicht angemessen gehalten. Auch ein Starren und ein »Nicht-Wissen« um eine angemessene Dosierung des Blickkontakts kann im Zusammenhang mit Autismus beobachtet werden. In sozialen Situationen fallen autistische Kinder auf, weil es ihnen schwerfallen kann, zu teilen, Kompromisse einzugehen oder zu verlieren. Diese gehen über die typischen Schwierigkeiten von nicht-autistischen Kindern hinaus. Es kann wirken, als wüssten sie sich nicht richtig zu verhalten. Sie können teilweise abwesend wirken oder auch ungewöhnlich auf Ärger oder Zuneigung reagieren. Auch der Umgang mit Veränderungen fällt oft schwer. Das können auch vermeintlich kleine Änderungen sein, wie bspw. die neue Frisur einer Bezugsperson, also Veränderungen, die anderen Kindern kaum oder nicht auffallen (vgl. z. B. Mathies-Köhler, 2015).

Im Spielverhalten kann es ebenfalls Auffälligkeiten geben. So wird teilweise nicht fantasievoll im Als-Ob-Spiel oder im Rollenspiel gespielt. Hierzu wieder der Hinweis, dass jeder Mensch mit Autismus individuell zu betrachten ist und manche autistischen Kinder durchaus fantasievoll spielen können. Häufig spielen autistische Kinder für sich, zeigen ein eher einseitiges Interaktionsverhalten und haben eher Schwierigkeiten, mit anderen Kindern zu spielen. Auch die geteilte Aufmerksamkeit bereitet mitunter Schwierigkeiten: Einen Aufmerksamkeitsfokus zwischen bspw. einer Sache und einer Person herzustellen, einen sog. triangulären Blick, kann schwerfallen. Gerade das Fehlen dieser Schlüsselkompetenz hat sehr große Auswirkungen auf die gesamte Entwicklung eines Kindes. Durch Situationen, in denen das Kind seine

Aufmerksamkeit z. B. auf seine Eltern richtet, entstehen eine Vielzahl an Lernsituationen. Wenn diese Situationen aufgrund des Fehlens grundlegender Kompetenzen (Blickkontakt, geteilte Aufmerksamkeit) nicht entstehen, werden Entwicklungschancen nicht erschlossen und Lernmöglichkeiten nicht genutzt. Daher ist ein möglichst frühzeitiges Erkennen der Schwierigkeiten bzw. des Vorliegens einer autismusspezifischen Wahrnehmung besonders wichtig, um entsprechende (Förder-) Angebote zu installieren oder alternative Lernwege zu finden (vgl. Rogers & Davis, 2014).

Beispiel: soziale Interaktion

Ein Junge mit Autismus beschäftigt sich im Freispiel gerne in der Bauecke. Wenn bereits andere Kinder hier spielen, setzt er sich dazu. Er baut häufig dasselbe: einen hohen Turm mit blauen und grünen Bausteinen. Er nimmt sich die Bausteine, die er benötigt – ggf. auch direkt aus der Hand oder vom Gebauten der anderen Kinder. Wenn diese verärgert reagieren, gibt er nicht nach. Wenn andere Kinder ihn nach Bausteinen fragen, gibt er keine ab. Dies führt im Kita-Alltag zu Konflikten und dazu, dass der Junge kaum als Spielpartner aufgesucht wird.

Autismusspezifische Besonderheiten im Bereich Verhalten und Interessen

Autistische Menschen können Stereotypien zeigen. Das sind Bewegungsabfolgen oder auch verbale Äußerungen, die sich wiederholen und gleichbleibend zeigen können. Auch Stimming-Verhalten kann beobachtet werden, etwa mit dem Oberkörper wippen, um sich zu beruhigen, oder Zähneknirschen bei Stress, also durch Verhaltensweisen Anspannung verringern oder sich emotional ausdrücken.
  Viele autistische Menschen entwickeln Spezialinteressen. Sie interessieren sich dann für bspw. ein Themengebiet sehr stark, zeigen hier eine hohe Motivation, sich damit auseinanderzusetzen, beschäftigen sich sehr intensiv und ausführlich mit der Thematik und erlangen so auch ein umfangreiches Wissen darüber. Dies kann sich auch verändern,

1 Kurze Einordnung: Was ist Autismus?

sodass mit dem Älterwerden andere Themenbereiche fokussiert werden. Autistische Menschen entwickeln darüber hinaus häufig Rituale oder orientieren sich sehr stark an gewohnten Abläufe. Wenn dann eine Änderung stattfindet, kann dies verunsichern und dazu führen, dass das autistische Kind handlungsunfähig wird oder auch herausfordernde Verhaltensweisen zeigt. Auch können autistische Menschen ein sehr starkes oder sehr niedriges Gefahrenbewusstsein haben bzw. zeigen.[8]

Beispiel: Interesse

Ein Mädchen mit Autismus hat ein großes Interesse an allem, was sich dreht oder sich hin und her bewegt. Gerade mit Kreiseln kann sie sich stundenlang alleine beschäftigen, indem sie den Kreisel dreht, zuschaut, bis er umkippt, den Kreisel wieder dreht usw. Hier zeigt das Mädchen eine hohe Ausdauer. Die Eltern haben diesen Kreisel mehrfach: Wenn er nämlich kaputt oder verloren ist, reagiert das Mädchen verunsichert und zeigt herausfordernde Verhaltensweisen wie schreien.

Im Zusammenhang mit Autismus wird weiterhin häufig von den *kognitiven Theorien* gesprochen, also von kognitiven Fähigkeiten bzw. Funktionsweisen, die im Zusammenhang mit Autismus eingeschränkt sind, in denen Schwierigkeiten vorliegen können, die sich wiederum auf die beobachtbaren Verhaltensweisen auswirken. Diese beziehen sich auf drei Bereiche: die zentrale Kohärenz, die Theory of Mind und die exekutiven Funktionen. Zur Einordnung werden diese Begriffe bzw. der Zusammenhang zu Autismus daher im Folgenden kurz angerissen.

---

8 Vgl. Matzies-Köhler, 2015 und Attwood, 2019. Alltägliche und konkrete Schilderungen von Verhaltensweisen und Innensichten von Menschen im Autismus-Spektrum finden sich vielfach von Betroffenen selbst oder Angehörigen beschrieben, bspw. bei Schreiter, 2014.

Zentrale Kohärenz

Die zentrale Kohärenz beschreibt die Fähigkeit, einzelne Reizwahrnehmungen in ein gesamtes Bild zusammenzufassen. Für autistische Menschen ist es bspw. - wie im Zusammenhang der Wahrnehmungsverarbeitung beschrieben - schwierig, Wichtiges und Unwichtiges zu differenzieren. Auch Rückschlüsse zu ziehen oder in Bildern zu denken, kann mit Autismus schwerfallen. Eine schwache zentrale Kohärenz hat auch zur Folge, dass Generalisierungsschwierigkeiten vorliegen können. Das bedeutet, dass einmal Erlerntes nicht unbedingt auf eine neue Situation übertragen werden kann. Ein im häuslichen Umfeld erlerntes Verhalten (z. B. Tisch decken) kann dann bspw. nicht automatisch in einer ähnlichen Situation im Kindergarten gezeigt werden, sondern muss dort ganz neu erlernt werden. Es kann auch das Tisch Decken mit neuem Geschirr schwerfallen, obwohl es bereits beim vorherigen Geschirr geklappt hatte. Eine Stärke in diesem Zusammenhang kann eine eher detailorientierte Wahrnehmung sein, das heißt den Fokus eher auf einzelne Aspekte zu legen und Dinge bzw. Details zu sehen, die andere Menschen nicht bemerken würden.

Theory of Mind

Eine weitere Besonderheit im kognitiven Bereich, die oft im Zusammenhang mit Autismus beschrieben wird, ist die Theory of Mind. Dies beinhaltet, mögliche Gefühlszustände und Bedürfnisse, aber auch Sichtweisen und eventuelle Gedanken eines anderen Menschen erkennen zu können, eventuell auch im Ansatz vorhersehen und damit »angemessen« umgehen zu können. Oft ecken autistische Menschen gerade in sozialen Situationen an, weil ihr Verhalten als »nicht angemessen« oder »seltsam« eingeordnet wird. Soziale Regeln sind oft nicht bekannt. Im Gegensatz zu nicht-autistischen Menschen lernen sie diese nicht intuitiv »ganz automatisch«, sondern müssen unausgesprochene Verhaltensregeln bewusst erlernen, wie z. B. die andere Person ausreden zu lassen oder sich in eine Warteschlange anzustellen. Auch Zwischentöne oder nicht unbedingt rational nachvollziehbare Absichten können nicht

1 Kurze Einordnung: Was ist Autismus?

sicher erkannt werden. Und auch das eigene Handeln kann nicht immer an die Situation angepasst werden. Die Schwierigkeiten einer schwachen Theory of Mind können dann als Konsequenz haben, dass es insgesamt wenig Orientierung in der sozialen Welt gibt. Gerade, wenn man die Zwischentöne nicht versteht und immer wieder die Erfahrung macht, dass das eigene Handeln aneckt, schafft und vergrößert dies Unsicherheiten. Weiterhin gibt es bei autistischen Kindern häufig die Schwierigkeit, dass sie davon ausgehen, dass andere Personen auf dem gleichen Wissensstand sind wie sie selbst und sie ihr Handeln gar nicht mehr erklären müssen. Dies kann dazu führen, dass die Kinder eigene Bedürfnisse nicht adäquat äußern, da sie davon ausgehen, dass ihr Gegenüber diese schon kennt. Daraus entsteht Frust oder Verzweiflung, wenn sie bspw. vor einem Regal stehen und weinen und nicht nachvollziehen können, warum ihre Bezugspersonen nicht verstehen, dass sie genau das eine Spielzeug haben wollen, was in diesem Regal liegt. Sie wissen dann manchmal nicht, dass (und wie) sie ihre Bedürfnisse mitteilen müssen, weil andere Personen nicht wissen, was sie wollen oder denken. Dies ist auch im Kommunikationsverhalten bemerkbar, weil hier eben der Sinn der Kommunikation manchmal nicht erkannt wird. Diese Schwierigkeiten verursachen dann Missverständnisse. Das kann dazu führen, dass eine ständige Verunsicherung existent ist. Kinder ziehen sich dann auch zurück, weil sie gemerkt haben, dass sie keinen großen Einfluss darauf haben, ob eine Situation gelingt oder nicht. Sie können nicht nachvollziehen, warum es nicht geklappt hat, bspw. mit jemanden in einen Kontakt zu treten. Dies kann auch weiterhin dazu führen, dass ein übermäßiges Misstrauen entsteht oder eine Naivität, weil sich auf das Wort anderer verlassen und nicht mehr hinterfragt wird. Auch können die eingeschränkten Fähigkeiten in der Theory of Mind dazu führen, dass weniger Nachahmung stattfindet. Lernsituationen können so nicht oder weniger umgesetzt werden, was sich wiederum auf die gesamte Entwicklung auswirken kann.

Exekutive Funktionen

Die exekutiven Funktionen ermöglichen es uns, unser Verhalten zu planen und umzusetzen. Auch die Kontrolle und den Umgang mit den eigenen Gefühlen und Emotionen beinhalten die exekutiven Funktionen. Viele Menschen mit Autismus haben beeinträchtigte Fähigkeiten in den Exekutivfunktionen. Es fällt ihnen dann bspw. schwer, ihr Handeln in angemessene Teilschritte zu gliedern. Es können Handlungsblockaden existieren, weil sie nicht wissen, wie sie handeln müssen oder was nächste sinnvolle Teilschritte einer Handlung sind. Auch Schwierigkeiten mit dem Konzept von Zeit können damit einhergehen – also wenig Orientierung über bspw. Ereignisse zu haben, die gestern oder am letzten Wochenende passiert sind. Schwierigkeiten in Situationsübergängen gehen damit oft einher, weil kein übergeordneter Blick vorliegt, um den ganzen Kontext einordnen zu können. Das beinhaltet auch eine begrenzte Flexibilität, z. B., wenn etwas anderes eintritt als erwartet. Der Umgang mit Veränderungen fällt aufgrund der eingeschränkten Fähigkeiten in den exekutiven Funktionen oft schwer. Dies hat auch Auswirkungen auf die Flexibilität im Denken und Handeln. Nicht nur mit unerwarteten Änderungen umzugehen, sondern auch das eigene Denken flexibel zu halten und entsprechend zu handeln, kann schwerfallen. Weiterhin ist es oft schwierig, Impulse zu kontrollieren, was auch mit einer Störung in den Exekutivfunktionen einhergeht. Am Verhalten erkennt man dies, wenn das Kind sehr bedürfnisorientiert handelt und eigene Handlungsimpulse oder Bedürfnisse nur schwer oder nicht aufschieben kann. Auch Wartesituationen können dann eine Herausforderung werden.[9]

---

9 Vgl. z. B. Girsberger, 2024, Kamp-Becker & Bölte, 2024 und Vermeulen, 2016.

1.3 Schlussfolgerungen

Was bedeutet das jetzt alles? Die Schilderungen über mögliche Verhaltensweisen und Schwierigkeiten sind notwendig, um das Handeln autistischer Menschen verstehen zu können. Aus den Überlegungen kann man weiterhin verschiedene Schlussfolgerungen ziehen. Die erste Schlussfolgerung ist, dass Menschen mit Autismus Bewältigungs- bzw. Anpassungsstrategien entwickeln, um mit ihren autismusspezifischen Besonderheiten in einer übermäßig nicht-autistisch denkenden und wahrnehmenden Welt zurechtzukommen (vgl. Rickert-Bolg, 2017). Es kann sein, dass sich die Kinder vermehrt zurückziehen, weil sie überfordernde Situation vermeiden, und ihre Sicherheit suchen, z. B. durch Rituale oder Stereotypien. Dadurch kommt es aber zu weniger Lernsituationen, weil sie von sich aus weniger oder gar nicht in den Kontakt mit anderen treten und keine Lernsituationen für sich nutzen können. Eine weitere Strategie kann eine möglichst große Anpassung sein. Hier versuchen die Kinder, alles so zu machen, wie es vorgegeben ist. Sie stellen eigene Empfindungen zurück, wollen alles richtig machen. Sie streben nach dem Bestmöglichen, was eigentlich nur misslingen kann. Dieses Misslingen wird dann häufig zurückgeführt auf das eigene Scheitern und führt perspektivisch zu Selbstwertproblemen. Die wiederholte Erfahrung, das eigene Verhalten sei nicht passend, und wiederholtes Scheitern in sozialen Situationen führen dazu, dass man sich ständig hinterfragt und evtl. denkt, man wäre »falsch« oder »etwas stimmt nicht mit einem«. Ein weiteres Verhalten, das viele autistische Kinder entwickeln, um mit den eigenen spezifischen Besonderheiten umzugehen, ist ein starkes oder erhöhtes Kontrollverhalten. Es werden eigene Regeln aufgestellt und Vorgehensweisen festgelegt. So bleibt die Situation für das autistische Kind vorhersehbar und es gibt vermeintlich keine Überraschungen. Dies ist vor allem für Umfeldpersonen belastend, weil die aufgestellten Regeln oft nicht nachvollziehbar oder sehr einengend sind (bspw. immer am Dienstag muss dieser eine Pullover getragen werden, es wird nur eine bestimmte Sorte Nudeln gegessen usw.). Jedoch belasten ein starres Festhalten an eigenen Regeln und eine damit einhergehende Unflexibilität, mit Neuem umzugehen, nicht nur die Bezugspersonen und den gemeinsamen Alltag, sondern schränken auch die autistische Person selbst ein. Alltagsnahe Lernsituationen bleiben aus.

Beispiel: Anpassung

In der Elternberatung berichtete ein Vater von seiner Tochter. Sie gehe jeden Tag gerne in den Kindergarten und beim Abholen berichte der Erzieher immer positiv von den Erlebnissen des Tages. Zuhause jedoch erlebte der Vater i. d. R. ein »ganz anderes« Kind: Es reiche die kleinste Irritation und die Tochter zeige sehr herausforderndes Verhalten wie Schreien oder auch mit dem Kopf gegen die Wand Schlagen. Letzteres belastete die Familie sehr, weil sie die Not des Kindes sahen, aber keine Handlungsidee hatten, wie sie es unterstützen konnten. Der Vater konnte nicht verstehen, dass es im Kindergarten anscheinend keine Schwierigkeiten gab. Gleichzeitig konnte der Erzieher sich ebenfalls kaum vorstellen, dass es zuhause große Schwierigkeiten gab, weil die Anforderungen im Kindergarten sehr gut umgesetzt werden konnten. In einem gemeinsamen Gespräch wurden zunächst Beobachtungen geschildert, um ein beidseitiges Verständnis der jeweiligen Perspektive zu schaffen und zu erweitern. Dann wurden verschiedene Ideen zu den Hintergründen des Verhaltens gesammelt. Gemeinsam wurde überlegt, dass das Kind sog. Masking-Verhalten zeigt: Das Mädchen passt sich sehr stark an, um nicht anzuecken. Im Kindergarten investiert es viel Energie, um sich möglichst angepasst zu verhalten, nicht (unangenehm) aufzufallen oder Konflikte zu verursachen. Die Energiereserven sind zuhause aufgebraucht, sodass selbst kleinste Irritationen dazu führen, dass keine anderen Handlungsmöglichkeiten (mehr) zur Verfügung stehen.

Eine weitere Schlussfolgerung ist, dass Menschen mit Autismus bei allen genannten möglichen Schwierigkeiten auch Stärken haben und individuell auf vorhandene Bedürfnisse eingegangen werden muss (wie bei jedem Menschen). Häufig treten Stärken und Interessen von Menschen mit Autismus in den Hintergrund, weil es Schwierigkeiten gibt, die zuerst gesehen werden. Die (individuellen) Stärken stellen jedoch auch wichtige Ressourcen da. Autistische Menschen haben oft eine große Offenheit ge-

1 Kurze Einordnung: Was ist Autismus?

genüber anderen. Auch ein ausgeprägtes Gerechtigkeitsempfinden, Ehrlichkeit, eine große Zuverlässigkeit, ein hohes Maß an Verantwortungsbewusstsein, eine Genauigkeit, ein Blick für Details und eine Neigung zum logischen Denken können Stärken autistischer Menschen sein. Häufig entwickeln Autist:innen Spezialinteressen, also Bereiche, in denen sie über ein sehr hohes (zum Teil auch Fach-)Wissen verfügen und sich sehr engagiert damit beschäftigen.

Die letzte Schlussfolgerung ist, dass wir unterstützen können. Wir können Brücken bauen, damit autistische Menschen in einer übermäßig nicht-autistisch denkenden und wahrnehmenden Welt einfacher zurechtkommen können. Zuerst hilft es, ein Verständnis über die autismusspezifischen Besonderheiten zu entwickeln, um mögliche Umgangsstrategien erarbeiten zu können, um aber auch das eigene Verhalten zu hinterfragen, zu reflektieren und zu überlegen, ob das eigene Verhalten auch verändert werden kann oder muss, um eine Situation oder Anforderung für autistische Menschen einfacher zu gestalten. Dies bezieht sich auch bspw. auf die Raumplanung, um Rückzugsmöglichkeiten zu schaffen, weil man weiß, dass autistische Menschen einem erhöhten Grundstress ausgeliefert sind. Oder Entspannungsmomente zu ermöglichen, damit Alltags-Situationen besser bewältigt werden können. Allgemein geht es viel um das Schaffen und Vermitteln von Sicherheit. Autistische Menschen sind vielen Überforderungssituationen und -momenten ausgeliefert. Dies kann zu Schwierigkeiten in der Alltagsbewältigung führen. Um damit zurechtzukommen oder als Fachkraft passende Angebote machen zu können, benötigt es ein grundlegendes Verständnis der individuellen autismusbedingten Besonderheiten des jeweiligen Kindes.

2 Wie zeigt sich Autismus in der Kita?

In den letzten Jahren ist die Arbeit in einer Kindertageseinrichtung immer facettenreicher geworden. Im Grunde genommen möchte man die Kinder möglichst gut auf die weiteren Anforderungen im Leben (zunächst: auf die Schule) vorbereiten. Es geht um Angebote und eine wertschätzende Begleitung für den Erwerb grundlegender Fähigkeiten – in Bezug auf alle Entwicklungsbereiche. Dabei gibt es aus unterschiedlichen Gründen in den letzten Jahren (bspw. durch Fluchterfahrungen, durch Covid-19) immer mehr »besondere« oder »auffällige« Verhaltensweisen von Kindern, denen man gegenübersteht, sodass man sensibilisiert ist für eine umfangreichere Wahrnehmung der individuellen Bedürfnisse unterschiedlicher Kinder. Dies erreicht im Alltag allerdings Grenzen, weil u. a. die Zeit begrenzt ist.

Gesetzlich[10] ist geregelt, dass Kinder mit und ohne Behinderung gemeinsam gefördert und betreut werden sollen. Dazu gibt es unterschiedliche Hilfen und unterstützende Maßnahmen, um diese Anforderung erfüllen zu können.

Die Barrieren, denen autistische Menschen ausgesetzt sind, sind nicht so offensichtlich. Da die Kinder i. d. R. nicht direkt sagen können, was sie daran hindert, einer Anforderung nachzukommen, zeigen sich Schwierigkeiten dann in Verhaltensweisen, die auch herausfordernd sein können. Nun kommen zum einen manche Familien bereits mit einer abgeschlossenen Diagnostik und entsprechenden Autismus-Diagnose in die Kindertageseinrichtung, sodass man von Anfang an auch unterstützende Hilfen in

---

10 UN-Kinderrechtskonvention und UN-Behindertenrechtskonvention. Im SGB XIII (Kinder- und Jugendhilfe) steht z. B. in §24 der Anspruch auf eine Förderung in einer Tageseinrichtung (für alle Kinder) beschrieben.

die Wege leiten oder entsprechende Rahmenbedingungen individuell überlegen kann. Zum anderen haben viele Kinder noch keine Diagnostik durchlaufen und fallen außerhalb des familiären Systems erstmalig auf. Auch wenn die Eltern vielleicht schon Verdachtsmomente hatten, haben sie noch keine weiteren diagnostischen Schritte eingeleitet – sie haben vielleicht einfach keinen Vergleich oder sich schon so an bestimmte Verhaltensweisen gewöhnt und sie hingenommen (»Das ist einfach bei uns so«). Dann stößt man als Fachkraft auf Verdachtsmomente, weil man Verhaltensweisen wahrnimmt, die »nicht altersentsprechend« gezeigt werden oder herausfordernd sind. Dies ist natürlich nicht nur bei Autismus relevant, sondern kann ganz unterschiedliche Ursachen haben. Dennoch verschafft ein Grundverständnis von Autismus eine eigene Handlungssicherheit – je früher man die Eltern entsprechend berät und eine Diagnose gestellt wird, desto eher kann man auf die individuellen Bedürfnisse des Kindes eingehen und eine entsprechende Hilfe bzw. Hilfen in die Wege leiten, um es bestmöglich in seiner Entwicklung zu unterstützen.

Die Diagnostik gehört in die Hände von Fachleuten – in der Kita kann und darf keine Diagnose gestellt werden. Aber Fachkräfte einer Kindertageseinrichtung sind im täglichen Kontakt mit dem Kind und es fallen möglicherweise Verhaltensweisen auf, die in U-Untersuchungen oder im familiären Umfeld bisher nicht aufgefallen sind. Bei einem fundierten Verständnis über die kindliche Entwicklung und das Wissen um mögliche Entwicklungsverzögerungen oder -störungen kann man die Eltern entsprechend auf ihrem Weg begleiten und stärken.

Es zählen Beobachtungsmomente, um Verhalten einordnen zu können, wenn noch keine Autismus-Diagnose bekannt ist. Es gibt auch Fragebögen (z. B. M-CHAT[11] oder CAST[12]), die eine Orientierung beim Verdacht auf Autismus geben können. Hier sind Fragen über bestimmte Fähigkeiten aufgelistet, die im Zuge von Autismus relevant sein können. Jedoch han-

---

11 M-CHAT (oder: Q-CHAT): Modified (oder Quantitative) Checklist for Autism in Toddlers ist ein Fragebogen, der in unterschiedlichen Versionen von unterschiedlichen Autor:innen in verschiedenen Sprachen im Internet frei verfügbar ist, richtet sich eher an jüngere Kinder ab 24 Monaten.
12 CAST: Childhood Autism Spectrum Test ist ebenfalls online verfügbar, teils nur auf Englisch, beinhaltet ebenfalls Fragen und richtet sich eher an Kinder fünf bis elf Jahre.

delt es sich um eine (geringe) Auswahl an Fragen, die (höchstens) eine Orientierung geben kann. Die genannten Fragebögen sind teilweise frei verfügbar[13] und können von Fachkräften einer Kindertageseinrichtung genutzt werden, jedoch sollte vorher genau überlegt werden zu welchem Zweck. So können sie bspw. unterstützen, eigene Beobachtungen zu strukturieren oder die Einordnung von Verhaltensweisen des Kindes zu sammeln. Sie können ebenfalls als Gesprächsgrundlage gegenüber den Eltern dienen oder gemeinsam mit diesen besprochen werden, um Erkenntnisse zu gewinnen und festzustellen, ob Entwicklungskompetenzen ähnlich oder verschieden eingeschätzt werden. Vielleicht kommen die Eltern mit den Fragebögen auf die Fachkräfte zu, weil sie selbst einen Verdacht und diese Fragebögen im Internet gefunden haben. Solche Fragebögen können also ganz unterschiedlich genutzt werden. Man sollte sich im Vorfeld genau überlegen, wie und wofür man sie nutzt und ob sie sinnvoll und hilfreich sind. Hier sei noch einmal darauf hingewiesen, dass Testverfahren bzw. die Anwendung von Testverfahren in die Hände von entsprechenden Diagnostikfachkräften gehört. Was im Kita-Alltag vor allem zählt, sind die Momente, in denen sich Entwicklungsbereiche oder -schritte anders oder verzögert zeigen. Kinder im Autismus-Spektrum können auch ein heterogenes Entwicklungsprofil zeigen. Das heißt, dass einzelne Entwicklungsbereiche durchschnittlich oder überdurchschnittlich ausgeprägt sein können, andere sich eher unterdurchschnittlich zeigen.

Um die Fähigkeiten des Kindes wahrzunehmen, einzuordnen und auszuwerten, sind ein genaues Hinschauen sowie ein Grundlagenwissen über Autismus-Spektrum-Störungen wichtig. Daher werden im Folgenden Beispiele genannt, um eine mögliche weitere Perspektive auf gezeigtes autistisches Verhalten in einer Kindertageseinrichtung einnehmen zu können.

---

13 Bei Quellen oder Materialien, gerade bei frei verfügbaren im Internet, ist es wichtig, sie auf die Seriosität hin zu prüfen, bevor man sie nutzt.

2.1 Möglicher Kita-Alltag eines autistischen Kindes

Ein Kind erlebt in einem Kita-Tag viele verschiedene Dinge. Wie könnte also ein beispielhafter Kita-Tag aus Sicht eines autistischen Kindes aussehen und welche möglichen Schwierigkeiten gibt es hier? Wir gehen in diesem fiktiven Beispiel von einem ca. vierjährigen Jungen aus, der eine Regelgruppe besucht und bei dem noch keine Diagnostik stattfand.

Der Junge kommt mit seiner Mutter im Kindergarten an – mit dem Vater klappt die Trennung nicht, daher bringt ihn meistens die Mutter. Dann geht er zu seinem gewohnten Platz an der Garderobe, an dem sich schon andere Kinder befinden, um ebenfalls die Jacke aus- und die Hausschuhe anzuziehen. Hier ist er also schon einem erhöhten Lärmpegel ausgesetzt, der sich auf ihn auswirkt. Er verhält sich motorisch unruhig, steht oft auf und seine Mutter muss ihn dann wieder einfangen und an seine Aufgabe erinnern. Gemeinsam mit der Mutter geht er schließlich zur Gruppe, wo es zunächst eine flexible Freispielzeit gibt. Die Pädagoginnen sind damit beschäftigt, Kinder anzunehmen, hier und da muss noch etwas abgesprochen werden, die Kinder können also ankommen und sich mit etwas alleine beschäftigen. Auch hat die Mutter noch Redebedarf, weil sie einen Termin absprechen muss. Er kommt also in eine für ihn eher unübersichtliche und unvorhersehbare Umgebung, hat unterschiedliche Spielinteressen, aber an diesen Orten wird schon von anderen Kindern gespielt. Unser Kind weiß also nicht so recht, wo es hinsoll, schließlich geht es einfach auch zu seinem Lieblingsspielzeug: die Holzeisenbahn, mit der es gerne baut. Dort spielen bereits zwei Kinder, die es nicht weiter beachten und nicht mit einbeziehen. Der Junge nimmt sich also auch Materialien und fängt an zu bauen. Dass die Mutter noch da ist, obwohl sie sich verabschiedet hat, ist ungewohnt für den Jungen, aber er bleibt bei seinem Spiel und richtet die Aufmerksamkeit auf seinen Plan, eine Strecke zu bauen, die er schon öfter gebaut hat. Dabei nimmt er auch die Schienen der anderen Kinder und es kommt zu einem kleinen Streit, weil sich die anderen Kinder ärgern und unser Kind nicht versteht, warum es zu diesem Streit kam – in seiner Wahrnehmung lagen die Schienen unbenutzt auf dem Spieleteppich. Verunsichert lässt er nach, setzt sein Spiel aber fort. Dann wird von einer Pädagogin ein Aufräumlied angesungen. Die beiden anderen Kinder fangen an aufzuräumen. Unser Kind hat die verbale Aufforderung aus der Ferne noch nicht verarbeitet und nimmt sich zufrieden weitere Schienen, die es benötigt und die von den anderen Kindern bereits wieder eingeräumt wurden. Die anderen Kinder verstehen nicht, warum er nicht aufräumt, und fangen an, seine Schienenteile ebenfalls in die dafür vorgesehene Box zu legen. Der Junge ist irritiert, bleibt an Ort und Stelle sitzen und reagiert nicht auf die Ansprache der anderen Kinder, warum er denn nicht seine eigenen Spielsachen aufräumt. Als dann noch eine Pädagogin kommt, um nachzuschauen, warum die Kinder nicht kommen, und die aufräumenden Kinder lobt, dass sie sich an die Regeln halten, ist bei unserem Kind eine Grenze erreicht – es fängt an zu weinen, daraus wird ein lauteres Schreien und schließlich wirft es die Spielsachen (Eisenbahngleise) durch den Raum.

Eine Situation, die so oder so ähnlich tagtäglich im Kindergarten vorkommt – und ganz unterschiedlich interpretiert werden kann. Man könnte unzählige Situationen beschreiben und die möglichen Schwierigkeiten für autistische Kinder aufzählen. Es gibt ganz individuelle Herausforderungen, für die vielleicht auch schon die eine oder andere Handlungsidee existiert. Für die Fachkraft wirkt die oben geschilderte Situation vielleicht zunächst wie ein Streit über ein Spielzeug, der im Alltag eines Kindergartens häufig passiert, gerade in eher unübersichtlicheren Situationen. Schließlich haben alle Kinder mal Schwierigkeiten aufzuräumen – ein Kindergartenalltag bringt viele Situationen mit sich, die Anforderungen an die Kinder stellen. Diese entstehen allein schon durch das spielerische Miteinander, in dem unterschiedliche Interessen aufeinander stoßen. So entstehen immer neue Anforderungen, die sich aus der Situation ergeben, und auch Konfliktpunkte, da unterschiedliche Bedürfnisse aufeinandertreffen.

Es ist für eine Fachkraft im Kindergarten eine große Herausforderung, einen sensiblen Blick zu haben und aufgrund von Beobachtungsmomenten zu überlegen, ob das gezeigte Verhalten noch im Rahmen »normaler«

2 Wie zeigt sich Autismus in der Kita?

Entwicklung stattfindet oder ob ein Handlungsbedarf besteht, weil »mehr« hinter dem Verhalten steckt.

Wenn ein Kind mehrfach herausfordernde Verhaltensweisen zeigt, wie z. B. im obigen Beispiel das Schreien oder Werfen von Gegenständen, wird es vermutlich eher hinterfragt, weil es aufgrund des Verhaltens sehr direkt auf sich aufmerksam macht und damit zeigt, dass es (eine andere) Unterstützung braucht. Wenn ein Kind einmalig herausfordernde Verhaltensweisen zeigt, überrascht das Verhalten ggf., jedoch werden dann häufig keine weiteren Handlungsschritte in die Wege geleitet. Die Situation ist überstanden und ihr wird i. d. R. keine weitere Bedeutung zugedacht. Erst, wenn es mehrfach passiert und öfter herausfordernde Situationen entstehen, wächst ein Handlungsdruck, sich intensiver damit auseinanderzusetzen (▶ Kap. 2.2 zum Umgang mit herausfordernden Verhaltensweisen).

Der sensible Blick auf die Kinder, die nicht direkt auffallen, sondern sich bei Schwierigkeiten eher zurückziehen und ruhiger werden, aber trotzdem eine andere Form oder Intensität von Unterstützung benötigen, ist ebenso erforderlich. So können Entwicklungsschwierigkeiten aufgrund von z. B. Autismus und einer anderen Art, die Welt wahrzunehmen, erkannt und Hilfsangebote für diese Kinder angebahnt werden. Dafür benötigt es ein Grundwissen über Autismus bzw. eine autismusspezifische Wahrnehmung, um Verdachtsmomente zu erkennen. Die Kinder profitieren davon, wenn man die Eltern bei einem Verdacht frühzeitig berät und ggf. zu einer umfangreichen Diagnostik schickt. Schließlich hat man dann entweder eine Bestätigung und die Möglichkeit, weitere gezielte Unterstützungsmöglichkeiten in Betracht zu ziehen, oder, falls der Verdacht nicht bestätigt wurde, eine weitere Perspektive auf das Kind.

2.2 Warum herausfordernde Verhaltensweisen entstehen, was sie sind und wie man damit umgehen kann

Wie im beschriebenen Beispiel deutlich wird, kommt es im Alltag autistischer Kinder oft zu Überforderungssituationen. Die daraus resultierenden Verhaltensweisen sind für alle Beteiligten »herausfordernd«. Dazu zählen ganz unterschiedliche Verhaltensweisen wie z. B. schreien, beißen, hauen usw., also Verhaltensweisen, die als »störend« empfunden werden oder sogar sich selbst oder andere gefährden. Laut einer Definition von herausforderndem Verhalten sind diese Verhaltensweisen vor allem für die Umfeldpersonen um die betreffende Person herausfordernd (vgl. Elvén, 2015). Für die Person, die herausfordernd agiert, ist es vermutlich die einzig mögliche Strategie oder das einzig mögliche Vorgehen, um in dieser Situation zu handeln. Diese Strategie wird häufig auch von der Person selbst als herausfordernd erlebt, weil das Verhalten anstrengend ist oder die Person die Auswirkung auf andere bemerkt. Ihr steht aber keine »angemessene« Strategie zur Verfügung. Es kann Frust oder Verzweiflung entstehen, immer wieder die Erfahrung zu machen, sich nicht anders verhalten zu können.

Ein Mensch würde sich »angemessen« verhalten, wenn er die Möglichkeit dazu hat (vgl. Elvén, 2015). Er möchte grundsätzlich so Kraft sparend wie möglich handeln. Herausfordernde Verhaltensweisen sind (nicht nur für die beteiligte Person) anstrengend. Der ganze menschliche Mechanismus ist auf höchster Alarmstufe und das ist für den Körper eine enorme Anstrengung. In diesem Kontext erscheint es als sehr sinnvoll, über »herausforderndes« Verhalten zu sprechen. Es gibt auch Formulierungen, die umgangssprachlich benutzt werden, wie »aggressives Verhalten« oder »übergriffiges Verhalten«. Bei solchen Formulierungen kann jedoch eine hohe negative Emotionalität oder Aufladung gegenüber dem Kind mitschwingen, auch wenn sie nicht bewusst zugeordnet wird. Mit dem Begriff »herausfordernd« signalisiert man auf eine Art und Weise auch eine eigene Haltung gegenüber der betroffenen Person. Die Haltung, dass das gezeigte Verhalten vor allem für das Umfeld fordernd ist, wertet das Verhalten erst einmal nicht negativ. Zudem beschreibt die Begrifflichkeit des herausfordernden Verhaltens, dass verschiedene Faktoren das gezeigte Verhalten herausfordernd machen können. Das ist gerade im Kindergartenkontext aktuell und relevant.

Natürlich gibt es klare Verhaltensweisen, die nicht nur in einer Kindergartengruppe, sondern auch im familiären Umfeld oder in einem einzeltherapeutischen Setting herausfordernd sein können. Dazu gehört z. B., wenn ein Kind wegrennt, sich selbst oder andere verletzt oder Gegenstände kaputt macht – also grob gesagt alles das, was fremdgefährdend oder selbstgefährdend ist. Aber es gibt auch Konstellationen in Systemen wie in einer Kindertageseinrichtung, die die Herausforderungen, die ein Verhalten verursacht, für das Umfeld verschärfen. Wenn eine Fachkraft allein ist, weil eine Stelle unbesetzt oder/und ein:e Kolleg:in im Urlaub ist, dann wird ggf. schneller eine persönliche Belastungsgrenze erreicht. Die eigene Schwelle, ab wann man ein Verhalten als herausfordernd wahrnimmt, ist in so einer Situation mit Sicherheit niedriger, weil auch der eigene Stresslevel bzw. die eigene Anspannung höher ist. Es gibt sicher unzählige solcher Beispiele, in denen das Setting oder bestimmte vorgegebene organisatorische/institutionelle Handlungsrahmen Auswirkungen auf die subjektive Einordnung von Verhaltensweisen haben. Aber auch persönliche Erfahrungen bestimmen, ab wann wir ein Verhalten herausfordernd finden. Die Auswirkungen von personellen Lücken machen sich hier natürlich auch bemerkbar.

> Bei diesem Verständnis von herausfordernden Verhaltensweisen geht man also davon aus, dass Menschen sich »angemessen« verhalten würden, wenn sie die Möglichkeiten dazu hätten (vgl. Elvén, 2015). Man kann folglich davon ausgehen, dass das herausfordernde Verhalten gezeigt wird, weil die Fähigkeiten fehlen, sich auf eine »angemessenere« Art und Weise mitzuteilen.

Dabei spielen persönliche subjektive Kriterien eine Rolle, weil jeder Mensch unterschiedliche Erfahrungshintergründe hat. Jeder Mensch schätzt unterschiedlich ein, was ertragbar ist, was aushaltbar ist, was auch ihn persönlich besonders stresst. Gerade, wenn man selbst auch einen schlechten Tag hat, vielleicht ein bisschen Kopfschmerzen hat, dann reagiert man eher angespannt bei einem bspw. schreienden Kind als an Tagen, an denen man ausgeschlafen und entspannter ist.

Auf sich selbst zu achten und eigene Kriterien, die Stress erhöhen, zu reflektieren, erscheint vor allem sinnvoll und notwendig, wenn man das Gefühl hat, dass die Arbeit belastend ist und »zu« fordernd bzw. überfordernd wird. Möglichkeiten des Austauschs teamintern in Mitarbeiter:innenbesprechungen oder Supervisionen schaffen oft Abhilfe. Es lohnt sich der Austausch darüber, welche Situationen für wen im beruflichen Alltag besonders fordernd sind – auch in einer entspannten Phase. So kann man sich selbst und Kolleg:innen im Team besser kennen lernen. Wenn man bspw. weiß, dass ein:e Kolleg:in nicht ganz fit ist, kann man ihn/sie unterstützen, wenn man merkt, dass er/sie mit einer Konfliktsituation konfrontiert ist.

Subjektive Kriterien können im Alltag wahrgenommen werden, wenn ein Bewusstsein dafür vorhanden ist. Auch kann sich lohnen, über vergangene Krisen oder über vergangene Verhaltensweisen zu sprechen, mit denen man schon z. B. im Kontext mit Autismus konfrontiert wurde – vielleicht anlassbezogen, wenn sich ein:e neue:r Kolleg:in im Team befindet. So verringert man mögliche Hemmschwellen, denn die offene Kommunikation über überfordernde Situationen im Team kann gerade für Berufseinsteiger:innen unterstützend wirken, damit perspektivisch keine Selbstzweifel entstehen (Gedanken wie: »jemand anderes hätte die Situation sicher besser gemeistert«) oder eben eine erhöhte Belastung, die auch zu vermehrten Ausfällen führen kann. Auch in Supervisionen kann ein Austausch entstehen, was helfen kann, sich von den Verhaltensweisen abzugrenzen und eigene Energiereserven wieder aufzufüllen. Dabei ist wichtig, auf sich selbst zu achten und bspw. einen Ausgleich zu nutzen oder zu schaffen. Durch persönliche Ressourcen z. B. in der Freizeit, durch Sport o. ä. kann man seine Kraftreserven wieder aufladen. Das Erkennen eigener Grenzen ist sinnvoll; ebenso wichtig ist es, achtsam mit sich selbst und auch achtsam im Team zu sein und bspw. zu merken, wenn ein:e Kolleg:in besonders gestresst ist, und sich gegenseitig zu unterstützen. Dies gelingt vor allem, wenn eine offene Gesprächskultur innerhalb einer Einrichtung existiert, in der es in Ordnung ist, auch vermeintliche Schwächen oder Unsicherheiten zeigen zu können und zu dürfen.

2 Wie zeigt sich Autismus in der Kita?

Um herausfordernde Verhaltensweisen weiterhin besser einordnen zu können, lohnt sich oft auch eine Reflexion des Kontextes. Wo genau wird welches Verhalten gezeigt? Schreiende Kinder auf dem Außengelände sind weniger fordernd als schreiende Kinder im Waschraum oder in einer Essenssituation. Auch die Intensität und die Frequenz des Verhaltens können relevant sein, wenn es um herausfordernde Verhaltensweisen geht. Das bedeutet also, wie stark wird welches Verhalten gezeigt und wie oft tritt es auf? Ein Verhalten, das einmal im Monat auftritt, kann vielleicht eher vom Umfeld getragen werden als ein Verhalten, das mehrmals täglich gezeigt wird. Verhaltensweisen, die öfter gezeigt werden, führen eher dazu, dass das Umfeld an Belastungsgrenzen kommen, weil eben auch Rahmenbedingungen als nicht passend dazu gesehen werden. Fehlende persönliche Ressourcen (»die Kraft fehlt irgendwann«) und fehlende oder »zu späte« Ressourcen (angespannte Personalsituation, fehlende Möglichkeiten einer Reflexion des eigenen Handelns und von Strategien) einer Institution können dann dazu führen, dass ein Kind aufgrund seiner herausfordernden Verhaltensweisen nur für eine begrenzte bzw. reduzierte Stundenanzahl betreut wird oder die Einrichtung gar nicht mehr besuchen kann, weil es nicht mehr »tragbar« ist. Dies betrifft häufig auch autistische Kinder, weil Erziehungsmaßnahmen, die bei nicht-autistischen Kindern fruchten, oft erfolglos sind oder nicht den gewünschten Effekt zeigen. Das verstärkt eine gefühlte Hilflosigkeit – man weiß nicht weiter und sich nicht anders zu helfen.

Durch die Erläuterungen zur autismusspezifischen Wahrnehmungsverarbeitung (▶ Kap. 1.2) und auch in dem beschriebenen Beispiel wird deutlich, dass diese Schwierigkeiten zu erhöhtem Stress führen – in vielen Bereichen. Aufgrund der Besonderheiten in der Wahrnehmungsverarbeitung kommt es hier durch z. B. eine Vielzahl an ungefilterten Wahrnehmungsreizen zu erhöhter Anspannung. Es entstehen oft Missverständnisse, wenn eigene Bedürfnisse nicht adäquat eingefordert werden können oder nicht den eigenen Bedürfnissen entsprechend gehandelt werden kann. Dazu kommen »normale«, also alltägliche Stressoren hinzu, wie Veränderungen, Frustsituationen oder (zu hohe) Anforderungen, und das führt schnell zu Überforderungssituationen. Menschen mit Autismus, auch Erwachsene, die dies reflektieren können, berichten z. B., dass sie durch Reize überflutet werden, dass sie sich oft anders verhalten, um unangenehmen

2.2 Entstehung von und Umgang mit herausfordernden Verhaltensweisen

Reizen auszuweichen. Es gibt auch die Schwierigkeit, dass Kontakt und Zuwendungen gebraucht, aber nicht ertragen oder nicht initiiert werden können, so wie es der Mensch braucht. Auch die möglichen Schwierigkeiten aufgrund der eingeschränkten Fähigkeiten in den exekutiven Funktionen können dazu führen, dass es zu herausfordernden Verhaltensweisen kommt. Zu den exekutiven Funktionen gehört auch die Impulskontrolle, die bei autistischen Menschen oft ebenfalls gestört ist. Fähigkeiten in der emotionalen Regulation können nicht ausreichend ausgeprägt sein oder fehlen, sodass keine funktionierenden Strategien im Umgang mit emotionalem Empfinden z.B. bei Frust oder mit Wut vorhanden sind.

Ein häufig verwendetes Bild, um Stressreaktionen zu verdeutlichen, sind mehrere Ebenen: Auf der unteren Ebene ist der Grundstress, also der Stress, der allein schon aufgrund der autismusspezifischen Wahrnehmungsverarbeitung existiert. Wenn man bspw. alle Geräusche gleich laut wahrnimmt, ist das gerade über längere Zeit und bei entsprechender Geräuschkulisse anstrengend. Man kann sich vorstellen, dass dieser Grundstress bei Menschen im Autismus-Spektrum automatisch höher ist als bei nicht-autistischen Menschen. Auf der nächsten Ebene kommen alltägliche Stressoren dazu. Der Stress steigt durch z.B. innere Faktoren (man hat nicht gut geschlafen und ist noch müde, hat die Zeit nicht im Blick behalten und ist unter Zeitdruck) oder äußere Faktoren (bspw. Stau oder Zugausfall). Um mit dem Stress umzugehen, setzen Selbstregulationsmechanismen ein, soweit sie vorhanden sind. Man versucht also, die steigende Anspannung zu stoppen und möglichst wieder zu entspannen. Die Strategien können ganz unterschiedlich sein und auch genutzt werden, ohne dass der Mensch merkt, dass sie diesem Zwecke dienen. Auch bei autistischen Kindern können dies dann Verhaltensweisen sein, die als »herausfordernd« erlebt werden, aber zur Regulation dienen. So können z.B. hin- und herwippen, auf- und ablaufen oder auch Lautieren Mechanismen sein, die in Gang gesetzt werden, um Stress zu reduzieren (sog. Stimming-Verhalten). Wenn man dieses Verhalten wegnimmt, das den Zweck hat, Stress zu reduzieren, also zu entspannen, indem man es verbietet, steigt der Stress weiter und mögliche andere Verhaltensweisen können auftreten, die für das Umfeld noch fordernder sein können.

> Daher ist es erforderlich, das Verhalten zunächst zu verstehen und zu überlegen, welche Funktion oder welchen Grund dieses Verhalten haben kann. Wenn das besagte Verhalten also auftritt, geht es vor allem darum, herauszufinden, was das Kind einem damit eigentlich sagen möchte.

Der Stress kann außerdem weiter steigen, wenn keine oder eine nicht ausreichende Selbstregulation möglich ist, weil keine (ausreichenden) angemessenen Strategien zur Selbstregulation vorhanden sind oder die Stressoren eine zu große Auswirkung haben. Das wird oft deutlich durch Warnsignale, die erste herausfordernde Verhaltensweisen betreffen. Dies kann sich weiter und weiter steigern, bis es zum Chaos kommt. Man spricht im autistischen Bereich auch von einem »Meltdown« oder »Shutdown«.

Oft wird herausforderndes Verhalten auch mit einem Eisberg verglichen, um die Entstehung besser nachvollziehen zu können (vgl. z. B. Häußler & Tuckermann & Kiwitt, 2014). Das Verhalten, welches man sieht, ist der kleine Teil eines Eisbergs, der über der Wasseroberfläche zu sehen ist. Aber man geht davon aus, dass viel mehr hinter dem Verhalten steckt, das aber verdeckt ist. Man muss unter die Wasseroberfläche schauen, um das Verhalten zu verstehen, um es dann auch perspektivisch beeinflussen zu können.

Was also tun, wenn man mit herausfordernden Verhaltensweisen konfrontiert wird? Wichtig und sinnvoll ist eine Nachbesprechung der Situation im Team, um mögliche Auslöser oder Gründe für das Verhalten zu reflektieren. Es ist erforderlich, dass die angebotenen Maßnahmen besprochen werden, um sich für eine mögliche nächste Eskalation vorzubereiten: Was hat geklappt bzw. was hat nicht geklappt? Eine nachvollziehbare und möglichst detaillierte Dokumentation kann dabei helfen, um mögliche Muster zu erkennen, z. B. kann man Situationen als Auslöser erkennen. Vielleicht bemerkt man solche Muster oder regelmäßige Auslöser nicht direkt in der Situation im Alltag, sondern erst bei einer Reflexion im Team. Auch kann es sich lohnen, eine Art Tagebuch zu führen oder in einem Plan herausfordernde Verhaltensweisen so zu dokumentieren, dass man einerseits schnell relevante Punkte aufschreiben kann (und

2.2 Entstehung von und Umgang mit herausfordernden Verhaltensweisen

wiederfindet und wiedererinnert, wenn man dies nachbespricht – Vieles geht sonst einfach unter), und andererseits leichter Muster herausfinden, bspw. ob es einen zeitlichen Zusammenhang gibt (»ab da kippt es«) oder eine örtliche Komponente (»immer bei Ausflügen« o. ä.).[14]

Beispiel: Muster im Verhalten durch Dokumentation erkennen

Im Kindergarten gab es ein Kind, dass immer wieder aufgesprungen und von dem Gruppenraum auf das Außengelände rausgerannt ist. Auf den ersten Blick ohne erkennbaren Auslöser, weil es vorher z. B. alleine gebaut hatte. Da das Kind nicht über altersgerechte kommunikative Fähigkeiten verfügte, konnte es auf Nachfragen zum Verhalten nicht antworten, sodass es den Gruppenkräften ein Rätsel blieb und fordernd war, da eine Gruppenkraft dem Kind hinterherrennen musste, um zu verhindern, dass es z. B. über das Kita-Gelände hinaus weggeht. Weglauftendenzen sind besonders fordernde Verhaltensweisen, da es schnell gefährlich werden kann, wenn das Kind auf eine Straße rennt. Dazu ist es fordernd für die Fachkräfte, da die Aufsichtspflicht für die anderen Kinder gegeben sein muss, auch wenn eine Person hinterher läuft.

Durch Dokumentation wurde deutlich, dass es ungefähr zur gleichen Tageszeit passierte. Das schaffte im ersten Moment mehr Sicherheit im Umgang mit dem Verhalten, da es berechenbarer wurde, aber trotzdem war noch kein Auslöser festzumachen. In der Besprechung im gesamten Team der Einrichtung fiel einer Kollegin dann auf, dass das Auftreten des Verhaltens zeitlich ungefähr mit dem Morgenkreis ihrer Gruppe passte. So konnte überprüft werden, ob dies ein Auslöser sein konnte. Auch, wenn die Türen geschlossen waren und der Geräuschpegel aufgrund der spielenden Kinder recht hoch war, konnte das Kind das Be-

---

14 Dokumentationsvorlagen finden sich etwa im Internet (z. B. https://uk-couch. de/) oder bei Häußler, Tuckermann & Kiwitt, 2014. Sie können auch z. B. im Rahmen von Team-Tagen selbst mit den für die Einrichtung relevanten Punkten und in Zusammenhang mit den Tageszeiten bzw. -elementen gestaltet werden (z. B.: Welches Verhalten hat das Kind gezeigt? Was war vorher? Was war danach? Was hat geholfen? o. ä.). So können alle Mitarbeitende einer Einrichtung auch mögliche Bedenken im Umgang mit der Dokumentationshilfe äußern und eine gemeinsame Handhabung erarbeiten.

grüßungslied in der Nebengruppe wahrnehmen und reagierte mit beschriebenem Verhalten. Im Verlauf konnte dann sogar herausgefunden werden, dass es so reagierte, wenn die Kollegin mit der Gitarre begleitet hat und nicht, wenn diese Kollegin bspw. im Urlaub war und ohne Gitarre gesungen wurde. Das Gitarrenspiel empfand das Kind vermutlich als unangenehm, störend oder irritierend, sodass es weglief.

Ursachen oder Auslöser für Verhaltensweisen zu finden, ist häufig nicht einfach, weil es manchmal keinen direkten Zusammenhang oder Grund gibt, der sich logisch ableiten lässt. Wenn man die Zeit aber nicht investiert, genau zu schauen und dem Verhalten auf den Grund zu gehen, wird möglicherweise eine Abwärtsspirale in Gang gesetzt: Das Verhalten ist fordernd, was auf Dauer Spuren bei allen Beteiligten hinterlässt, der Stress wird größer und nicht selten kommt es dann auch zum Ausschluss des Kindes – erst einmal bei personellen Engpässen (weil z. B. die Aufsichtspflicht nicht gewährleistet werden kann) und später vielleicht sogar vollständig, weil es nicht mehr tragbar für das Umfeld ist. In dem Beispiel wird deutlich, dass eine Dokumentation des Verhaltens und das gemeinsame Reflektieren sehr wichtige Erkenntnisse liefern können, die dabei helfen, das Kind besser zu verstehen und mit seinem Verhalten umzugehen – auch wenn die Dokumentation zunächst einen Mehraufwand bedeutet, profitieren alle auf lange Sicht, weil Sicherheit im Umgang für Entspannung sorgt.

Weiterhin ist es sinnvoll, dem betreffenden Kind entsprechende Fähigkeiten oder Handlungsstrategien zu vermitteln, damit es auf die herausfordernden Verhaltensweisen im besten Fall nicht mehr zurückgreifen braucht. Ein Kind würde sich richtig bzw. kräftesparender verhalten, wenn es dies könnte. Wenn bspw. ein Kind, welches sein Wunschspielzeug nicht erhält, weil es dieses nicht benennen kann, anfängt zu schreien, wäre perspektivisch eine Lösung, dass das Kind lernt, sich so zu äußern, dass es Bedürfnisse äußern kann und verstanden wird. Hier muss die gesamte Entwicklung betrachtet werden, um mögliche nächste Entwicklungsschritte realistisch einzuplanen und zu überlegen, welche Möglichkeiten bei dem Erreichen der Fähigkeit(en) unterstützen können.

Weiterhin können Strategien oder Angebote überlegt werden, die den Grundstress des Kindes reduzieren. Man kann prüfen, welche Wahrneh-

2.2 Entstehung von und Umgang mit herausfordernden Verhaltensweisen

mungsreize als besonders anspannend erlebt werden, und so bspw. die Umgebung möglichst wahrnehmungsfreundlich gestalten. Wenn man weiß, dass ein Kind nicht gerne draußen spielt, weil die Sonne als zu hell und deswegen als unangenehm wahrgenommen wird, kann eine Sonnenbrille bereits Abhilfe schaffen und mögliche Stressfaktoren mindern. Gegebenenfalls empfindet es aber auch das Tragegefühl einer Sonnenbrille taktil als unangenehm, sodass dies keine Entlastung bringt, sondern erst ein Sonnensegel, das Schatten spendet. Hier lohnt sich ein Blick auf die Grundstressoren bezüglich der Wahrnehmungsverarbeitung. Es erscheint notwendig, dass Regulationsstrategien erlernt und angewandt werden, auf die das Kind im besten Fall möglichst selbstständig zurückgreifen kann. Viele Kinder merken eine ansteigende Anspannung nicht, ihnen fällt eine passende Selbstwahrnehmung schwer. Hier muss man teilweise von außen bei der Anwendung von Strategien anleiten, um wieder Entspannungsmomente zu erlangen. Beispielsweise kann man eine Kiste parat haben, in der bevorzugte Spielmaterialien sind, die zur Regulation dienen (bspw. Fidget Toys[15], Massage-Igel oder was immer dem Kind hilft, sich zu entspannen). Hier lohnt sich ein Austausch mit anderen Umfeld-Personen, natürlich insbesondere mit den Eltern, sodass man möglichst viele und möglichst transportable Ideen hat, die benutzt werden können.

Wenn der Stress trotzdem weiterhin steigt, zeigen sich im Verhalten des Kindes i.d.R. Warnsignale. Diese sind noch nicht als besonders herausfordernd empfundene Verhaltensweisen. Dennoch können es erkennbare Verhaltensweisen sein, die einen erhöhten Stresszustand anzeigen und vorwarnen, dass noch mehr Stress zu herausfordernden Verhaltensweisen führen kann. Es lohnt sich also, auch diese Vorstufen festzuhalten und zu dokumentieren, um möglichst früh intervenieren zu können. Wenn man Warnsignale nicht erkennt, kann man auch weniger früh ansetzen, um zu verhindern, dass eine Situation eskaliert. Dabei sind Warnsignale nicht so einfach als solche erkennbar, weil sie sehr individuell und ganz unterschiedlich sein können. Eine sensible Beobachtung des Kindes kann diese sichtbar machen.

---

15 Fidget Toys beschreiben kleinere Spielmittel oder Materialien, die i.d.R. in die Hand genommen werden können und taktile Reize liefern (bspw. Fidget Spinner, Infinity Cube, Pop-It) und für manche Menschen entspannend wirken.

Wenn der Stress so hoch ist, dass nichts mehr funktioniert, das Kind nicht mehr erreicht werden kann, handelt es sich um eine Krise (siehe unten).

Beispiel: Mögliches Vorgehen bei herausfordernden Verhaltensweisen

Im Zuge der Therapie ist mir ein Mädchen begegnet, ca. fünf Jahre alt, bei dem bereits eine Autismus-Diagnose gesichert war. Es besuchte eine heilpädagogische Kindergartengruppe und konnte seine Bedürfnisse nicht verbal äußern, sondern führte Bezugspersonen an begehrte Gegenstände oder Nahrungsmittel, um zu kommunizieren. Auf Ablehnung oder Nicht-Erfüllen des gewünschten Bedürfnisses reagierte sie mit Schreien und Hauen, konnte sich allerdings regulieren. Das Mädchen handelte stark bedürfnisorientiert, ein Aufschieben führte zu großem Frust. Anforderungen, die nicht im Interessensbereich lagen, konnten nicht entsprechend umgesetzt werden. Das Mädchen spielte viel für sich und bezog andere Kinder nicht in ihr Spiel ein. Dieses beinhaltete viele Wiederholungen. Eine Strukturierung der Abläufe wurde im Kindergarten initiiert, um mehr Vorhersehbarkeit zu gewährleisten (um zu verdeutlichen, was gerade dran ist), damit Abläufe entsprechend bewältigt werden können. Da die Verknüpfung zwischen Aktivität und einer Bildkarte gut angenommen wurde, erweiterte der Kindergarten die Unterstützung und bahnte auch eine Bedürfnisäußerung anhand von Bildkarten an. Das Kind konnte zwischen mehreren Bildkarten eine Wunschbeschäftigung auswählen, indem es eine entsprechende Bildkarte der Fachkraft zeigte. Das Mädchen zeigte also sehr gute Fortschritte in einigen Bereichen.

Irgendwann konnte es die Bildkarten aber »von heute auf morgen« nicht mehr annehmen und reagierte auf die Karten mit Schreien. Im Kontakt zu den anderen Kindern schubste es und haute sie, was früher gar nicht vorkam. Ohne erkennbaren Auslöser fing sie an, auf Tische zu klettern und Regale umzustoßen. Auch im Kontakt mit den Eltern konnten keine konkreten Veränderungen im häuslichen Umfeld herausgefunden werden, die dieses Verhalten erklären konnten. Da auch Schmerzen solche Verhaltensänderungen erklären können, weil viele autistische Kinder diese nicht eindeutig kommunizieren, sondern z. B.

2.2 Entstehung von und Umgang mit herausfordernden Verhaltensweisen

aufgrund permanenter Zahnschmerzen gestresst sind und dann solche Verhaltensweisen zeigen, wurde den Eltern zu einer medizinischen Abklärung geraten. Dieser Grund für das Verhalten konnte bei dem Mädchen allerdings auch ausgeschlossen werden. Da andere Kinder in der Gruppe ebenfalls besondere Bedürfnisse hatten, wuchs der Handlungsdruck, um diese zu schützen. Was also nun? Da sich auch im Kindergarten nichts räumlich oder personell verändert hatte, dokumentierten die Fachkräfte zunächst das Verhalten. Hier halfen auch die Fragestellungen, wann das Verhalten gar nicht auftrat (z. B. draußen) und was passieren muss, damit es auf jeden Fall auftritt (Auslöser). Dennoch ergab die Dokumentation noch kein nachvollziehbares Muster. Es kam inzwischen auch zu fremdverletzenden Verhaltensweisen gegenüber den Fachkräften, gerade, wenn sie z. b. das Hauen eines anderen Kindes verhindern wollten und sich zwischen die Kinder stellten. Abgesprochen wurde ein einheitlicher Umgang mit grenzüberschreitenden, fremdverletzenden Verhaltensweisen: andere zu hauen oder zu treten o. ä. verstößt gegen eine Regel. Weil nicht sicher ist, inwieweit das Mädchen verbale Äußerungen versteht, wurde festgelegt, dass auf eine Regelverletzung direkt verbal mit »Stopp« und gleichzeitiger Stopp-Geste (Handfläche zeigen) bzw. einem Stopp-Schild (einheitliche Visualisierung) reagiert wird – mit dem Ziel, ein Regelverständnis anzubahnen. Ausgehend von der Grundannahme, dass das Mädchen keine »angemessenere« Idee zu handeln hat, war es außerdem notwendig, eine Verhaltensalternative zu finden, die man dem Mädchen zeigen konnte. Was kann es stattdessen tun? Dafür muss man aber verstehen, warum das Kind so handelt – welchen Grund hat es für sein Verhalten bzw. was möchte es in den jeweiligen Situationen? Da es in unterschiedlichen Situationen herausforderndes Verhalten zeigte, war dies nicht offensichtlich. Es wurden Ideen gesammelt, um dann durch entsprechende Angebote herauszufinden, was konkret hilft und was nicht. Da es manchmal auch mehrere Gründe für ein Verhalten geben kann, können bzw. müssen auch gleichzeitig mehrere Angebote gemacht werden. Bei dem Mädchen gab es also ebenfalls mehrere Überlegungen oder auch Fragestellungen zum Verhalten, um Gründe dafür besser verstehen zu können:

2 Wie zeigt sich Autismus in der Kita?

Hat das Mädchen Schmerzen? → Akute, aber auch chronische Schmerzen fallen bei Menschen, die dies nicht verbal und/oder direkt äußern können, eher durch Veränderungen im Verhalten auf. Permanente Zahnschmerzen bspw. können das Verhalten entsprechend erklären. Eine medizinische Abklärung beim oben beschriebenen Kind hat nichts ergeben.

Gibt es Veränderungen im Umfeld, die den Grundstress erhöhen? → Auch kleine Veränderungen werden von autistischen Kindern ggf. sehr deutlich wahrgenommen und können Verhaltensweisen erklären. Elterngespräch deutete auf nichts dergleichen hin.

Ist das Verhalten Folge einer Überforderung? → Der Anspannungsgrad des Mädchens in den Situationen ließ darauf schließen, dass es kein unkontrolliertes Handeln im Rahmen einer Krise/Überforderung/Meltdown ist, sondern eher entspannter wirkt.

Möchte das Mädchen in Kontakt mit anderen treten? → Weitere Fragestellungen, um diese Überlegung zu prüfen: Verfügt es über andere Möglichkeiten, in einen Kontakt zu gehen? Zeigt es Interesse am gemeinsamen Spiel? In welchen Momenten klappt es? Zeigt das Mädchen dann weniger herausfordernde Verhaltensweisen?

Kennt das Mädchen eigene Körpergrenzen? → Weitere Fragestellungen, um diese Überlegung zu prüfen: Wie ist die Wahrnehmung des Kindes, sucht es bspw. vermehrt Reize, die die Tiefenwahrnehmung ansprechen? Tritt das Verhalten weniger auf, wenn es vorher ein entsprechendes Angebot erhalten hat?

Weiß das Mädchen, was es gerade tun kann? Hat es Ideen, was gerade erwartet wird zu tun?

Hat das Mädchen Ideen von Regeln bzw. ein Grundverständnis von Regeln? Gibt es Regeln, die es befolgt?

…diese Liste mit Überlegungen und Ideen ließe sich noch weiter fortführen. Vor allem geht es wieder um die Formulierung von Fragen, die durch Beobachtungssituationen überprüft werden, um das Verhalten zunächst besser zu verstehen, um dann möglichst passende Handlungsideen zu entwickeln.

Bei dem Mädchen wurden verschiedene Ansätze ausprobiert. Verhaltensregeln wurden visualisiert, um sie nachvollziehbar zu machen. Dazu wurden Alternativen gezeigt, um Kontakt zu anderen Kindern

2.2 Entstehung von und Umgang mit herausfordernden Verhaltensweisen

aufzunehmen. Dies erforderte anfangs eine stärkere Begleitung in freien Spielsituationen. Es zeigte sich jedoch, dass das Mädchen die Alternative aufgriff und weniger herausfordernd agierte. Aufgrund eines Infekts und einer Schließzeit der Kita hatte es kurze Zeit später eine Pause von der Kita. Als es dann wieder kam, zeigte es kaum bis kein herausforderndes Verhalten und sogar wieder Interesse an Bildkarten. Also war auch eine Überlegung, dass das Mädchen durch die Pause einerseits Energiereserven auftanken konnte und andererseits auch die pädagogischen Fachkräfte eigenen Stress reduzieren konnten, um entspannter zu agieren.

In dem Beispiel wird ebenfalls deutlich, welche Dynamik eine solche Entwicklung nehmen kann. Die Fachkräfte zeigten ein großes Interesse und Engagement, sich dem Verhalten zu nähern, dennoch gab es (auch verständlicherweise) Hemmungen, eine Grenzüberschreitung zu benennen, also ein klares »Stopp« auszusprechen, weil man befürchtete, dass das Mädchen mit fremdverletzendem Verhalten reagierte. Bei solchen Tendenzen ist es wichtig, in einem funktionierenden Team zu arbeiten, um sich entsprechend abwechseln zu können, wenn man bspw. selbst einen schlechten Tag hat. Oder sich auch zu trauen eine eigene Grenze zu benennen – dies erfordert eine wertschätzende Grundatmosphäre, in der die Kommunikation eigener Grenzen nicht als Schwäche verstanden wird. Dazu zeigt das Beispiel, dass es häufig mehrere Faktoren gibt, die herausfordernde Verhaltensweisen begünstigen können, und somit auch mehrere Strategien zur Entspannung beitragen können. Sich die Zeit zu nehmen, dem Verhalten auf den Grund zu gehen, ist wichtig (gerade, wenn es sehr komplex scheint), um möglichst passende Strategien im Umgang mit dem Verhalten zu finden und die Situation für alle Beteiligten zu entspannen.

Es gibt viele mögliche Gründe für Verhalten. Herausfordernde Verhaltensweisen stehen oft für fehlende »angemessene« Möglichkeiten zu handeln. Sie können ein Ausdruck für ein Bedürfnis sein, sie können Stress regulieren, usw. Es ist nötig, auf die individuelle Konstellation zu schauen und herauszufinden, warum dieses Kind sich in dieser Situation so verhält. Wenn ein möglicher Grund für das Verhalten gefunden wurde, muss dieser evtl. durch weitere Fragestellungen für Verhaltensbeobachtungen überprüft werden. Erst dann können Interventionen geplant, Alternativen gezeigt oder angeboten werden. Manchmal ist es recht eindeutig, manchmal muss man mehr Zeit in eine Ursachenforschung stecken und Angebote ausprobieren. Manchmal legt sich ein Verhalten und ein anderes wird gezeigt. Ein Verhalten verbieten zu wollen, gelingt nicht nachhaltig. Das Kind wird mit hoher Wahrscheinlichkeit auf einem anderen Weg (der nicht unbedingt weniger herausfordernd sein wird) auf sein Bedürfnis hinweisen. Das Verständnis über das Verhalten des Kindes ist also notwendig, um es gezielt unterstützen und Entlastung für alle schaffen zu können (zur (Selbst-)Regulation siehe bspw. Lietzke & Häußler & Tuckermann, 2024).

2.3 Hinweise zu Krisen und Krisenmanagement

Gerade Krisen können uns vor Herausforderungen stellen und Auslöser für Überforderungen sein. Eine Krise ist in diesem Kontext gemeint als eine eskalierende Situation, weil z. B. ein Kind an Handlungsgrenzen stößt und herausfordernde Verhaltensweisen zeigt. Dabei gibt es einen Unterschied, ob ein Kind bspw. andere Kinder schlägt, um mit ihnen in Kontakt zu treten, aber entsprechende Kontaktmöglichkeiten fehlen, oder ob ein Kind aus purer Verzweiflung und Hilflosigkeit um sich schlägt und andere Kinder trifft. Der Unterschied wird dann am Anspannungszustand oder Stresslevel des Kindes festgemacht. Ist das Kind angespannt und hochgradig gestresst, dann hat es eine Krise – der Körper schaltet in ein Notprogramm, in dem reflektiertes Handeln nicht mehr möglich ist. Vereinfacht gesagt geht es dem menschlichen Mechanismus darum, zu überleben, und dieser setzt dafür alles in Bewegung: flight (Flucht), freeze (Erstarren), fight (Kampf). Ausgelöst wird dies häufig durch (zu) viele Stressfaktoren, die zusammenkommen, und eine fehlende Möglichkeit, diesen Stress/diese Anspannung zu regulieren. Gerade auch der Stress durch eine autismusbedingte Wahrnehmungsverarbeitung kann dazu führen, dass ein Kind sich von Reizen überladen fühlt (sog. Overload). Wenn dann noch weitere Stressfaktoren dazu kommen (z. B. Veränderungen, Aufräumzeit), kann das zu einer so großen Überforderungssituation führen, dass das Kind in ein Notprogramm wechselt. Im Autismus-Bereich spricht man dann in diesem Fall vom sog. Meltdown (der Kernschmelze, von außen gleicht es einem Wutausbruch) oder auch vom sog. Shutdown (dem Ausschalten, sich abkoppeln und zurückziehen) (vgl. z. B. Habermann & Kißler, 2022).

Diese Abläufe einordnen zu können, verschafft ein größeres Verständnis für die Situation und für mögliche Handlungsangebote oder Interventionen. Wenn ein Kind im Notprogramm handelt, dann ergibt es wenig Sinn, möglichst pädagogisch wertvoll mit dem Kind darüber zu sprechen, was jetzt gerade passiert. Es geht zunächst darum, dass das Kind die Kontrolle über sein eigenes Handeln wiedererlangt. Es geht darum, diese Krise zu überstehen – für alle Beteiligten. Es geht darum, zu deeskalieren und die Situation wieder zu entspannen. Gerade, wenn dies häufiger passiert, erscheint es sinnvoll, sich einen Plan zu überlegen, um das nächste Mal entspannter auf eine solche Situation reagieren zu können (vgl. Elvén, 2015). So richtig vorbereiten kann man sich auf z. B. Wutausbrüche nicht – dennoch gibt es ein paar Fragestellungen, die dabei helfen können, sich im Vorfeld auch mit den eigenen Einstellungen auseinanderzusetzen und ein paar deeskalierend wirkende Tricks und Tipps zu kennen, auf die man in einem solchen Fall zurückgreifen kann. Gerade, wenn sich Krisen-Situationen häufen, sollte innerhalb der Gruppe, oder auch innerhalb der Einrichtung ein (Notfall-)plan erarbeitet werden. Dieser Notfallplan kann beinhalten (nach Waigand & Castaneda & Fröhlich, 2019):

- Welche Verhaltensweisen lösen den Notfallplan aus?
- Wer kümmert sich um das betreffende Kind?
- Wer kümmert sich um die anderen Kinder?
- Welche Deeskalationsstrategien haben sich bewährt und stehen wo zur Verfügung? (an unterschiedliche Orte denken: Außengelände, Ausflug usw.)
- Wer kann in der Einrichtung ggf. einspringen und dazukommen – und wie kann diese Person dann involviert werden?

- Wer kommuniziert die Krisensituation innerhalb der Einrichtung und gegenüber den Eltern?
- Wie und wann bespricht man die Situation im Team nach?

Es geht um allgemeine Absprachen, damit man adäquat in einem Notfall, einer Krise oder einer Eskalation mit herausforderndem Verhalten umgehen kann. In einer Nachbesprechung lohnt es sich, wenn ganz detailliert reflektiert wird, was konkret vorher passiert ist, was ein (möglicher) Auslöser gewesen sein kann, welche Verhaltensweisen wann gezeigt wurden und welche Maßnahmen geholfen haben (oder welche Maßnahmen nicht geholfen haben). Dies hilft, um einen Notfallplan zu entwickeln. Wenn es zu herausfordernden Verhaltensweisen kommt, zahlt es sich aus, wenn vorher Absprachen getroffen wurden. Das kann bspw. bei geringem Personalschlüssel ein Krisen-Handy sein, um schnell innerhalb der Einrichtung Helfer:innen zu aktivieren. Dies kann helfen, damit man möglichst entspannt mit so einer Situation umgehen kann. Ein Austausch im Team ist wichtig, um sich möglichst gute oder gelingende Strategien zu überlegen, perspektivisch mit dem Verhalten so umzugehen, dass es für alle Beteiligten entspannter werden kann. Ein Notfallplan sollte dann greifen, wenn nichts Anderes mehr geht.

Allgemein haben sich im Umgang in Krisen oder eskalierenden Situationen grundlegende Strategien bewährt (vgl. Elvén, 2015), wie z. B. aus einer möglicherweise konfrontativ wahrgenommenen Körperhaltung in eine entspannte Position zu wechseln, sich etwa auf Augenhöhe des Kindes zu begeben, Blickkontakt aber zu vermeiden. Wenn die Krise durch eine Anforderung einer konkreten Person ausgelöst wurde, kann es helfen, sich mit einem/einer Kolleg:in abzuwechseln. Ein ganz wichtiger Faktor ist auch die Möglichkeit, die gestellten Anforderungen entweder niedrigschwelliger zu gestalten oder gar komplett zurückzunehmen. Auch Ablenkung kann deeskalierend wirken. In einem so hohen körperlichen Erregungszustand ist kein Lernen möglich. Also wird ein Kind nicht lernen, dass es durch herausfordernde Verhaltensweisen Zugang zu seinem Lieblingsspielzeug erhält. Ideen zur Ablenkung haben im Kontext von herausfordernden Verhaltensweisen also keinen belohnenden Effekt, sodass man kreativ überlegen kann (vgl. Elvén, 2015).

2.3 Hinweise zu Krisen und Krisenmanagement

> Wenn man selbst möglichst entspannt reagieren kann, weil man im Vorfeld schon mögliche Handlungsideen sammeln konnte, ist die Wahrscheinlichkeit höher, die Krise schnellstmöglich zu überstehen. Da solche Situationen nicht nur autistische Kinder betreffen, kann es bereits ein Konzept oder einen Fahrplan für solche Situationen in der Einrichtung geben. Dann kann man diesen (vor allem nach einer Krisensituation) immer aktualisieren und reflektieren: Was hat gut geklappt, was ist noch verbesserungswürdig?

Dabei geht es nicht darum, alle möglichen Verhaltensweisen zu planen – sondern darum, eine Sicherheit im Umgang mit überfordernden oder herausfordernden Situationen zu schaffen. Im besten Fall benötigt man den Krisenplan nicht und falls er zum Einsatz kommen muss, sind alle sicherer im Umgang, weil im Vorfeld Ideen besprochen wurden. Eine Krisensituation ist für alle beteiligten Personen anstrengender, wenn das Verhalten eine Hilflosigkeit bei der Fachkraft auslöst, weil sie dann vermutlich länger andauert oder »noch mehr eskaliert«.

Bei der Vorbereitung eines Krisen- oder Notfallplans ist es zudem wichtig, die Eltern mit ins Boot zu holen und Handlungsabfolgen zu überlegen, damit man in einer Krise als Fachkraft handlungsfähig bleibt, bspw. auch bei einem niedrigen Personalschlüssel. In der Vorbereitung eines solchen Plans ist die Überlegung wichtig, an welchen Verhaltensweisen man das erhöhte Anspannungsniveau des Kindes erkennt, welche Regulationsstrategien dem Kind schon zur Verfügung stehen oder wie man ihm helfen kann. Dabei können Eltern wertvolle Informationen geben und Erfahrungswerte liefern.

Extremfälle sind dann Situationen, in denen man bspw. ein Kind festhalten muss, um größeren Schaden abzuwenden. Weil es ein Recht auf die körperliche Bewegungsfreiheit gibt,[16] muss dies – wenn es regelmäßig auftritt – ggf. richterlich genehmigt werden. Wenn im Notfall eine Gefahr nicht anders abgewendet werden kann, ist es ein rechtfertigender Notstand – sobald dies aber regelmäßig erfolgen muss, man also wiederholt das Kind bspw. fixieren muss, um andere Kinder zu schützen, muss dies als Maß-

---

16 Vgl. Artikel 2 Grundgesetz.

nahme beim Familiengericht beantragt und unter Zustimmung der Eltern genehmigt werden.[17] Die Nachbesprechung einer extremen Krise ist für alle Beteiligten notwendig: Sowohl mit dem Kind (soweit es geht) als auch mit den Eltern, als auch mit den anderen Kindern und den anderen Eltern, aber auch einrichtungsintern, um zu reflektieren, welche Hilfen schon klappen, was noch verbessert werden muss und welche Veränderungen man ggf. auch an den Plänen vornehmen muss, was die Person noch lernen kann und was man als Einrichtung verbessern kann, damit alle noch entspannter mit zukünftigen Situationen umgehen können, die im besten Fall weniger drastische Maßnahmen erfordern. Der Aspekt einer Selbstfürsorge sollte in Nachbesprechungen von Krisen ebenfalls aufgegriffen werden, um den/die Kolleg:in zu stärken, der/die eine herausfordernde Situation bewältigt hat.

2.4 Hinweise für sensible Elterngespräche bei einem Verdacht auf Autismus

Im alltäglichen Kontakt mit Kindern in Kindertageseinrichtungen begegnet man immer mehr Kindern, die von einer »normalen« Entwicklung abweichen. Diese fallen dann in einem Gruppensetting auf, weil z. B. einzelne Entwicklungsbereiche nicht so entwickelt sind wie bei den anderen Kindern im gleichen Alter. Sie tanzen aus der Reihe. Im täglichen Kontakt gibt es viele Situationen, in denen man die verschiedenen Entwicklungsbereiche der Kinder einschätzen kann, weil man sie vor unterschiedliche Anforderungen stellt, wie z. B. das selbstständige Schuhe ausziehen (Selbstständigkeit), Essen mit Besteck (Koordination/Motorik) oder Tischarbeit/Basteln (Konzentration, Arbeitsmotivation). Freispielsituationen beinhalten viele Anforderungen, die Kinder bewältigen müssen: sich zu entscheiden, die eigene Spielidee zu organisieren und strukturieren,

---

17 Vgl. »Freiheitsentziehende Maßnahmen bei Kindern in Einrichtungen. Merkblatt zur neuen richterlichen Genehmigungspflicht« (Kruse & Strauß, 2019).

2.4 Elterngespräche bei Verdacht auf Autismus

soziale Fähigkeiten wie abwechseln oder Kompromisse eingehen und viele mehr. Wenn diese Entwicklung dann von der sog. Norm abweicht, kommt es zu Irritationen. Im alltäglichen Umgang ist man vielleicht überrascht, weil das Kind nicht die Fähigkeiten zeigt, die man erwartet. Zwar gibt es Normen und Richtlinien, an denen man sich orientieren kann, ab wann ein Kind bestimmte »Meilensteine« der Entwicklung bewältigt haben sollte.[18] Aber in der Realität weichen immer mehr Kinder von diesen Vorstellungen ab – aus unterschiedlichen Gründen. Auch bei Autismus fallen im Alltag einzelne Fähigkeitsbereiche auf, wobei es (wie oben beschrieben) nicht »das« Verhalten bei Autismus gibt, sondern unterschiedliche Verhaltensweisen gezeigt werden können. Pädagogische Fachkräfte stellen sich häufig die Frage, wann und wie sie mit den Eltern über Verdachtsmomente ins Gespräch gehen.

Manchmal sind diese »Auffälligkeiten« schon offen kommuniziert, weil die Eltern bereits therapeutisch angebunden sind oder eine diagnostische Abklärung in die Wege geleitet haben. Manchmal gibt es aber noch keine offene Kommunikation über eine verzögerte Entwicklung. Vielleicht haben die Eltern bereits eine Vorahnung, aber trauen sich noch nicht, es laut auszusprechen. Vielleicht haben die Eltern aber auch keine direkten Vergleichsmöglichkeiten (bspw. durch fehlende Geschwisterkinder oder andere Kinder innerhalb der Familie/der Verwandtschaft) und ihnen fällt nicht auf, wenn das eigene Kind eine verzögerte Entwicklung zeigt. Dann ist es oft die Kindertageseinrichtung, die dies feststellt und vor der Entscheidung steht, wann und wie Auffälligkeiten mit den Eltern kommuniziert werden. Eine Einschätzung über die kindliche Entwicklung gehört zum Tagesgeschäft – es gibt unzählige Beobachtungshilfen oder Checklisten, die im Alltag im Einsatz sind, um die Fähigkeiten der Kinder zu erfassen.[19] Dies gehört immer mehr zum Selbstverständnis des Berufes als Fachkraft in einer Kindertageseinrichtung. Spätestens jedoch vor der Einschulung bzw. im Rahmen der Beurteilung von Schuleingangsuntersu-

---

18 Bspw. Kiphard, 2014 oder die Kurz-CHECK-Reihe vom Verlag Handwerk und Technik (z. B. Görisch, 2017).
19 Bspw. »Wachsen und Reifen« (Stadt Wolfsburg), »Bunte Steine, mein Entwicklungshaus« (Haberkorn & Hohmann, 2021), Kuno Beller Entwicklungstabellen, Entwicklungsschnecke/Beobachtungsbogen (Schlaaf-Kirschner, 2014) u. a.

chungen und der Schulreife fallen dann Entwicklungsdefizite sehr deutlich auf. Da viele Konzeptionen regelmäßige Entwicklungseinschätzungen beinhalten sowie eine offene und regelmäßige Kommunikation mit den Eltern anstreben, fühlen sich die Fachkräfte häufig dazu verpflichtet, Beobachtungen, die auf eine mögliche Entwicklungsverzögerung oder Behinderung schließen können, entsprechend mitzuteilen und Irritationen anzusprechen. Dabei spielen die zur Verfügung stehenden Vergleichswerte, wie z. B. die anderen Kinder vor Ort, eine große Rolle, aber auch die Erfahrungswerte, die man mit Zunahme an Berufserfahrung sammelt.

Für die Eltern kommt die Rückmeldung, dass ihr Kind »abweicht«, sich nicht »normal« entwickelt oder eine Entwicklungsverzögerung haben könnte, weil es entsprechende Kompetenzen der Entwicklung nicht zeigt, häufig überraschend. Wie Eltern auf eine solche Nachricht reagieren, lässt sich jedoch nicht vorhersehen. Manche Eltern ahnen schon etwas oder ihnen ist bereits etwas aufgefallen, weil auch sie z. B. auf dem Spielplatz Beobachtungen anstellen und Sorgen entwickeln oder schon andere Kinder haben, bei denen sie andere Fähigkeiten beobachten konnten. Für viele kann es dennoch sehr irritierend sein, wenn eine externe Person eine solche Nachricht überbringt. Es wird dann realer, wenn bisher vielleicht nur vage Sorgen bestanden. Wenn Eltern ein Kind bekommen, rechnen sie i. d. R. nicht damit, dass sie ein Kind mit besonderen Bedürfnissen haben werden, sondern gehen davon aus, dass sie ein »normales, gesundes« Kind bekommen. Es gibt hierzu rührende Erzählungen, die diese Gefühle sehr eindrucksvoll beschreiben und zum einen als Fachkraft mehr Verständnis für die Situation der Eltern schaffen und zum anderen auch für Eltern eine Unterstützung sein können. Durch solche Erzählungen können sie Mut schöpfen und vielleicht einen ähnlichen Wert wie aus einer Selbsthilfegruppe ziehen, nämlich die Erfahrung, dass es anderen ähnlich ergeht wie ihnen.[20]

Wenn diese Erwartung oder auch Hoffnung also nicht erfüllt bleibt, kann das ganz unterschiedliche Reaktionen auslösen. Manche Eltern sind vielleicht erleichtert, wenn ihr Gefühl bestätigt wird, und stehen einer

---

20 Vgl. z. B. »Willkommen in Holland« von E. P. Kingsley (1987), bspw. online verfügbar unter: https://autismus-kultur.de/willkommen-in-holland/ (Zugriff am 19.06.2024).

Orientierungshilfe (wie kann es weitergehen?) sehr positiv gegenüber. Viele Eltern wissen oft gar nicht, was sie mit so einer Erkenntnis anstellen sollen und welches die nächsten Schritte sein könnten. Manche Eltern reagieren hingegen sehr geschockt. Sie können das Geschilderte gar nicht nachvollziehen, können oder wollen nicht glauben, was ihnen gesagt wird, fühlen sich in die Enge getrieben, fühlen sich angeschuldigt oder beschuldigt, Grund dafür zu sein, dass ihr Kind sich so verhält oder so entwickelt.

Die Reaktionen sind sehr schwer vorherzusagen und man kann sich auch nicht auf alle Reaktionen vorbereiten. Dennoch kann man sich möglichst gut auf das Gespräch vorbereiten. Dazu gehört es, Verdachtsmomente im Alltag zu sammeln und zu dokumentieren. Man sollte seine eigene Wahrnehmung abgleichen und z. B. im Team reflektieren, um so zu verhindern, dass man voreilige Schlüsse gegenüber den Eltern formuliert. Wie kann also ein beispielhafter Prozess aussehen?

Bei den ersten Irritationsmomenten im Kontakt mit dem entsprechenden Kind entsteht im Grunde genommen ein Verdacht bei einem selbst. Man stolpert z. B. über unerfüllte Erwartungen – das Kind verhält sich untypisch für sein Alter. Wenn dies wiederholt auftritt, kann man gezielte Beobachtungsmomente initiieren und seine Beobachtungen sammeln. Man stellt das Kind vor Anforderungen, die dem Verdacht entsprechen, und schaut, wie es mit diesen Anforderungen umgehen kann. So können Irritationen auch widerlegt werden. Vielleicht ist der Verdacht an einem Tag entstanden, an dem das Kind sehr müde war und Anforderungen nicht so bewältigen konnte wie an einem anderen Tag. So ist es sinnvoll, das auffällige Verhalten in mehreren Situationen und auch in unterschiedlichen Kontexten zu beobachten. Man sammelt also seine Beobachtungen und dokumentiert diese entsprechend. Wenn sich so der erste Verdacht, die erste Irritation bestätigt, sollte man spätestens jetzt seine Beobachtung(en) zunächst mit Kolleg:innen oder im Team teilen. Andere Perspektiven sollten berücksichtigt werden. So kann entweder ein ganz anderer Blickwinkel eingenommen werden, weil der/die Kolleg:in bspw. bereits andere Ideen zu Ursachen des Verhaltens hat, oder weitere Beobachtungsmomente werden zusammengetragen.

Wenn entsprechende Ressourcen (Material und Zeit) vorliegen, können Beobachtungen auch durch förderdiagnostische Materialien überprüft

2 Wie zeigt sich Autismus in der Kita?

werden (z. B. Checklisten oder Fragebögen[21]). Hier kann es allerdings schon hilfreich sein, die Eltern einzubeziehen, weil Beobachtungen im häuslichen Umfeld dabei unterstützen können, das kindliche Verhalten verständlicher zu machen. Es erscheint spätestens jetzt sinnvoll, mit den Eltern ein Gespräch zu planen. In diesem Gespräch können dann die gesammelten Eindrücke berichtet werden. Nicht selten kommt es vor, dass Kinder im Kindergarten andere Fähigkeiten zeigen als im häuslichen Umfeld. Oftmals sind Eltern erstaunt über die umfangreichen Fähigkeiten, die das eigene Kind im Kindergarten zeigt – aber zu Hause noch nicht umsetzt oder Unterstützung einfordert. Gemeinsam mit den Eltern können Hypothesen aufgestellt werden, warum sich das Kind so verhält. Für einen Verdacht des Vorliegens einer Autismus-Spektrum-Störung benötigt es ein grundlegendes Wissen über mögliche autismusspezifische Besonderheiten. Eine Diagnostik kann aber nur durch entsprechende Personen gestellt werden, die dann auch eine Diagnose vergeben können! Das Kommunizieren einer (Verdachts-)Diagnose sollte den entsprechenden Diagnostikstellen überlassen werden. Schließlich können sich auch andere Behinderungen oder z. B. Stoffwechselkrankheiten hinter dem gezeigten Verhalten verbergen und sollten entsprechend fundiert abgegrenzt/ausgeschlossen werden.

Es ist festzuhalten, dass Fachkräfte im Kindergarten eine ggf. sehr lange Zeit mit dem entsprechenden Kind zu tun haben und es in unterschiedlichen Situationen beobachten können. Sie entwickeln folglich ein sehr ausgeprägtes Verständnis über die Fähigkeiten und Verhaltensweisen des Kindes. Auch die gesamte Entwicklung eines Kindes über einen Zeitraum lässt sich so einschätzen, wenn man es täglich sieht. Die Fachkräfte können daher auch andere Beobachtungen sammeln als es diagnostizierende Menschen tun, die diese Beobachtungen in ihre Diagnose einfließen lassen können. So kann man den Eltern ein größtmögliches Wissen mit auf den

---

21 Förder-diagnostische Materialien bezogen auf Autismus sind bspw. aus dem Early Start Denver Model (Rogers et al. 2016), das Psychoeducational Profile -3 oder die informelle Förderdiagnostik von A. Häußler (2022). Auch weitere allgemeine (also nicht direkt auf Autismus bezogene) förderdiagnostische Materialien können unterstützen, Fähigkeiten eines Kindes strukturiert einzuschätzen und Entwicklungspotentiale zu erkennen.

Weg geben und eine Orientierung geben, an welche Stellen sie sich wenden können. Da man die Eltern in diesem emotional sehr intensiven Prozess unterstützt und begleitet, spielt man eine sehr wichtige Rolle. Auch wenn eine Diagnostik ein längerer Prozess mit meist mehreren Terminen sein kann, steht bei der Beendigung ein Ergebnis fest, mit dem die Eltern erst einmal konfrontiert werden. Auf eine weitere z. b. therapeutische Unterstützung müssen die Eltern danach häufig erneut warten. Weil das Kind i. d. R. aber nach wie vor in die Kindertageseinrichtung geht, kann man als Fachkraft in einer Kindertageseinrichtung eine wichtige Stütze für die Eltern sein, weil man als verlässliche Ansprechperson erreichbar ist und der Familie zur Seite steht bzw. sie begleitet. Je nach individuellen Bedarfen der Familien kann dazu gehören, dass die Eltern sich ihren Stress von der Seele reden wollen, es kann aber auch dazugehören und zum eigenen Rollenverständnis werden, die Eltern bestmöglich auf mögliche Diagnostikschritte vorzubereiten.

Noch ein paar Hinweise zur Gestaltung von Elterngesprächen bei einem Verdacht:
Je nach Konzeption oder Vorgaben sind Elterngespräche in bestimmten Intervallen vorgesehen. Dies ist dann von Vorteil, wenn Entwicklungsverzögerungen beobachtet werden. Hier bestehen im besten Fall schon ein offener Austausch und eine entsprechende Vertrauensbasis, sodass konkrete Beobachtungsmomente und Irritationen direkt angesprochen werden können. Dann kommt der Hinweis oder der Rat hinsichtlich einer diagnostischen Abklärung weniger überraschend. Bestenfalls agiert man bereits auf einer Beziehungsebene, auf deren Grundlage eine vertrauensvolle Zusammenarbeit möglich ist, sodass die Eltern offener mit einem entsprechenden Hinweis umgehen können.

Als stützendes und überzeugendes Argument kann der Hinweis hinzugezogen werden, dass gerade im Autismusbereich frühe Hilfen besonders effektiv sind. Wenn die Diagnose früh gestellt wird, kann man entsprechend früh gezielte (z. B. therapeutische) Unterstützung in die Wege leiten (vgl. Girsberger, 2024). Durch eine frühe Förderung können z. B. autismusbedingte Schwierigkeiten abgemildert werden, da gerade die Schlüsselkompetenzen (Blickkontakt, Imitationsverhalten, geteilte Aufmerksamkeit usw.) angebahnt und ausgebaut werden könnten (vgl. Rogers

& Davis, 2014). Bestimmte Entwicklungskompetenzen bilden die Grundlage für den Erwerb weiterer Fähigkeiten. So lernt ein Kind bspw. »in der Regel« erst stehen, bevor es laufen lernt. Wenn diese Schlüsselkompetenzen, die autismusbedingt häufig nicht altersgerecht entwickelt sind, also fehlen, dann bleiben auch weitere Lernmöglichkeiten aus und die Entwicklungsdefizite oder autismusbedingten Schwierigkeiten werden im Vergleich zu gleichaltrigen Kindern eher noch größer.

> Wenn eine Diagnostik keine Autismus-Diagnose als Ergebnis zeigt, hat man nichts verloren, sondern einen zusätzlichen Blick und evtl. weitere Hinweise gewonnen, um auf die Bedürfnisse des Kindes adäquat eingehen zu können. Dennoch sollte nur bei einem fundierten Verdacht zu einer Diagnostik geraten werden.

Durch ein entsprechend frühes Wissen kann auch die Verarbeitung der Diagnose sowohl bei den Eltern als auch bei den Kindern selbst beginnen. Für Eltern kann eine Diagnosestellung, wie oben bereits beschrieben, einen großen Schock auslösen – sie haben schwarz auf weiß und sogar verschriftlicht, dass mit dem eigenen Kind wider Erwarten etwas »nicht stimmt«, es »nicht normal« ist. Eine Diagnose kann Unsicherheit und Irritationen, Sorgen und Ängste verursachen. Trotzdem haben manche Eltern noch die Hoffnung, dass die Diagnose fehlerhaft ist, und fordern eine zweite Meinung ein, weil sie es vielleicht nicht wahrhaben wollen. Aber wenn eine Diagnostik abgeschlossen ist und Klarheit besteht, haben die Eltern daraufhin die Möglichkeit, die Diagnose zu verarbeiten. Dann können sie auch wieder die positiven Seiten an ihrem Kind sehen und ihr Kind so, wie es ist, annehmen (lernen).

Auch bei dem Kind kann ein frühes Wissen die spätere Identitätsbildung im Verlauf positiv beeinflussen. Es gibt nun eine Erklärung für z. B. eine andere Wahrnehmung der Welt, die Missverständnisse, die Wutausbrüche, und – auch je nach der pädagogischen Begleitung – führt man diese Irritationen oder Konflikte weniger auf die eigene Person zurück. Dies bedeutet nicht, dass es unbedingt einfacher ist, wenn die Diagnose früh steht – viele Kinder bzw. Heranwachsende verfluchen diese Diagnose, eben weil sie lebenslang bestehen bleibt und sie zwar Fähigkeiten erweitern, aber das Gefühl, »anders« zu sein, nicht richtig in die Welt zu passen, oftmals innere Konflikte auslöst. Dennoch kann bei früher Diagnosestellung auch entsprechende Unterstützung gegeben werden, dass das Kind ein (kindgerechtes) möglichst positives Verständnis entwickelt und die Diagnose in das Selbstkonzept integrieren kann.[22]

Bei vielen Eltern existieren mögliche Klischees in Bezug auf Autismus. Zwar gibt es bezogen auf Autismus eine Zunahme an Medienpräsenz, dennoch sind diese oft noch sehr einseitig. Das Bild eines inselbegabten Mathegenies ist noch weit verbreitet, wenn es um Autismus geht oder das Stichwort Autismus fällt. Quellen im Internet können Eltern auch verunsichern, weil sie Heilversprechen geben (bspw. durch die Einnahme eines Produkts verschwindet Autismus o. ä.) oder widersprüchliche Informationen liefern. Eltern suchen im Internet nach Informationen und erhalten unzählige Meinungen. Gegen diese Informationsflut, die auf die Eltern einprasselt, helfen konkrete Literatur- oder Medienempfehlungen oder im besten Fall Flyer, die man den Eltern direkt mitgeben kann. So wissen die Eltern um seriöse und konkrete Quellen, über die sie sich informieren können.[23]

Autismus wird oft noch als Stigma gesehen, weil die Diagnose ein Leben lang vorhanden und nicht heilbar ist. Dies hinterfragen viele Eltern auch bzw. sind besorgt, dass ihr Kind aufgrund der Diagnose abgestempelt oder sogar abgelehnt wird. Diese Sorgen sollten unbedingt ernst genommen werden. Vielleicht liegen auch persönliche Hintergründe oder Erfahrungen vor, die diese Haltung begründen. Durch eine Aufklärung/ Psychoedukation, aber auch durch Angebote wie offene Angehörigentreffen oder Gruppen können solche Sorgen abgebaut werden.

---

22 Etwa durch Bilderbücher wie z. B. »Ich bin Loris« (Tschirren & Hächler), »Alle behindert« (Klein & Osberghaus), »Alle haben einen Po!« (Fiske), »Davids Welt« (Mueller), »So seh ich deine Welt, willst du auch meine sehen?« (Hoopmann), »Oliver« (Sif).
23 Bspw. gibt es auf der Internetseite von autismus Deutschland e. V. (https://www.autismus.de/) ein Infoblatt »Was ist Autismus?« oder den »Elternratgeber Autismus Spektrum« frei zur Verfügung. Auch auf der Internetseite von Autismus Schweiz (https://www.autismus.ch/) gibt es Materialien als frei verfügbare Downloads, auch in verschiedenen Sprachen.

2 Wie zeigt sich Autismus in der Kita?

Manche Eltern fühlen sich in ihrer Erziehungskompetenz eingeschränkt. Sie selbst haben nichts bemerkt oder nichts gemacht, oder sie selbst hätten vielleicht noch mehr machen können, um das Kind besser zu unterstützen. Es kommt dann zu Selbstvorwürfen, nicht genug für das eigene Kind getan zu haben. Dies kann auslösen, dass die Eltern in einen starken Aktionismus verfallen, um alles an Hilfen, Förderung oder Therapie dann schnell zu initiieren. Diese Eltern benötigen manchmal die Erlaubnis, einen Gang runter zu schalten und eins nach dem anderen reflektiert und entsprechend der Bedürfnisse ihres Kindes zu planen.

Ein weiterer Punkt in Elterngesprächen kann die gesamte familiäre Situation sein. Gerade wenn das Kind herausfordernde Verhaltensweisen zeigt, ist es wichtig zu überlegen, welche Entlastungsmöglichkeiten zur Verfügung stehen: zunächst familiäre Bezugspersonen, die die Kinderbetreuung übernehmen könnten, oder auch externe Hilfen, die beantragt werden können. Eltern empfinden manchmal Frust, weil ihr Kind in der Kindertageseinrichtung andere Zugänge zeigt als zuhause. Ein konkretes Übersetzen, warum man als pädagogische Fachkraft wie handelt, kann den Eltern helfen, eigene Lösungsstrategien für Schwierigkeiten zu finden.

Wenn Geschwisterkinder vorhanden sind, ist auch ihre Perspektive wichtig. Oft dreht es sich in Familien um das Kind, das am meisten Aufmerksamkeit benötigt, und Geschwisterkinder kommen zu kurz oder übernehmen (zu) viel Verantwortung für ihr Geschwisterkind. Es ist wichtig, dass die Eltern auch diesen Kindern Aufmerksamkeit schenken. Je nach regionaler Verfügbarkeit gibt es bspw. von der Lebenshilfe (oder anderen Trägern) Geschwistergruppen oder Geschwisterangebote, die man empfehlen könnte.[24]

Wenn sich die Eltern nach mehreren offenen Elterngesprächen gegen eine diagnostische Abklärung stellen, sollte dies – soweit es möglich ist – ernst genommen und respektiert werden. Aus einer oben beschriebenen Grundannahme hat jedes Verhalten einen Grund, den wir vielleicht noch

---

24 Auf den Internetseiten www.geschwisternetz.de oder www.stiftung-familienban de.de sind Geschwisterangebote (z. B. Treffen) aufgelistet, die sich an Geschwister von Kindern mit einer Behinderung (also nicht nur an Geschwister von autistischen Kindern) richten.

nicht kennen oder erst herausfinden müssen, um die Haltung oder das Handeln der Eltern zu verstehen. Es können auch kulturelle Hintergründe eine Rolle spielen, die dabei berücksichtigt werden müssen. In manchen kulturellen Kreisen werden Behinderungen verschwiegen, Familien mit einem behinderten Kind gemieden. Hier können auch religiöse Hintergründe/Glaubenssätze existieren, die bestimmte Reaktionen von Eltern erklären können. Diese Hintergründe sollten, wenn möglich, einbezogen werden, solange es nicht kindeswohlschädigend ist und die Eltern zu einer Zusammenarbeit nach den wissenschaftlich fundierten Ansätzen bereit sind. In manchen Regionen gibt es z. B. Vereine, die vermitteln und dabei unterstützen und Hilfe anbieten.

Beispiel: Unterschiedliche Sichtweisen

In einem Elterngespräch schilderte der Vater eines Jungen mit Autismus, dass die Schwiegereltern großen Druck auf die Mutter ausüben. Sie machten ihr Vorwürfe, dass sie nicht fähig war, ihr Kind richtig zu erziehen. Gleichzeitig überredeten sie die Mutter dazu, einen Schamanen im Heimatland aufzusuchen. Er sollte durch Ausräuchern den Teufel in ihrem Kind vertreiben.
Der Vater nahm jedoch immer mehr eine andere Sichtweise auf Autismus ein. Vor allem er hatte die Diagnostiktermine begleitet und wurde hier beraten. Er gab zwar sein Wissen an die Mutter weiter, jedoch blieb der familiäre Einfluss auf die Mutter stark. Durch den Kontakt zu Müttern, die ebenfalls ein autistisches Kind haben, konnte die Mutter ihre Sorgen teilen und nach und nach eine andere Perspektive einnehmen.

Hier sei nochmals darauf hingewiesen, dass eine fundierte Diagnostik nur bei einer entsprechenden Institution durchgeführt werden kann und auch nur dort eine Diagnose gestellt werden darf und kann. Es ist daher ratsam, dass man als Kindertageseinrichtung sehr sensibel mit einem eigenen Verdacht gegenüber den Eltern umgeht und diesen durch gezielte Verhaltensbeobachtungen reflektiert und untermauert. Dies ist oft ein Drahtseilakt – auf der einen Seite hat man einen (begründeten) Verdacht und möchte die Eltern möglichst nah an den Bedürfnissen des Kindes beraten, auf der anderen Seite möchte man sich auch nicht anmaßen, eine Diagnose zu erkennen, weil man dies den Fachmenschen überlassen muss. Dennoch muss ein entsprechender Rat an die Eltern, ihr Kind diagnostisch überprüfen zu lassen, möglichst auch begründet werden können. Hier kann es, gerade bei skeptischen Eltern, Sinn ergeben, konkrete Schwierigkeiten im Kita-Alltag anhand der Verhaltensweisen des Kindes zu schildern. Es erfordert Fingerspitzengefühl, aber auch Erfahrung (die man ja nur erhält, wenn man Gespräche führt), um die Situation einzuschätzen und entsprechend das Gespräch zu lenken. Bei manchen Eltern ist es hilfreicher, sie möglichst sensibel auf Entwicklungsdefizite hinzuweisen, bei manchen braucht es eine direkte Benennung der Beobachtungen und möglichen Hypothesen. Hierfür gibt es keine Anleitung. Bei der Verarbeitung einer Diagnose können ähnliche Verhaltensweisen gezeigt werden wie bei der Verarbeitung eines Verlusts oder der Bewältigung von Krisen (vgl. Spiralmodell von Schuchardt, 2018). Das Verhalten der Eltern kann sich auch verändern. Eltern, die zunächst sehr zugänglich waren, können bei einem anderen Gespräch sehr abwehrend reagieren.

> Die genannten Hinweise dienen einer Sensibilisierung: Eltern, welche Reaktion auch immer sie in den Gesprächen und im Kontakt zeigen, haben einen eigenen Grund, sich so zu verhalten. Als Fachkraft sollte man sich die Zeit nehmen, die Situation der Eltern zu betrachten und ein Verständnis für ihre Situation zu entwickeln, um weiterhin wertschätzend zu agieren und die Familie zu unterstützen.

2.5 Umgang mit Wartezeiten zur Diagnostik und einer intensiven Förderung

Konkrete Angebote und Unterstützungsleistungen können regional variieren. Um den Eltern direkte Anlaufstellen nennen zu können, lohnt es sich, sich zu vernetzen und sich bei anderen Einrichtungen über entsprechende Angebote zu informieren. Wenn pädagogische Fachkräfte durch Wissen unterstützen können, dass Eltern gezielter an Stellen verwiesen werden, ist allen Kindern mit besonderen Bedarfen geholfen.

Wenn die Eltern sich schließlich dazu entscheiden, eine Diagnostik zu veranlassen, profitieren sie von konkreten Handlungsideen und einer Vorstellung der »nächsten Schritte«. Da auch bei Autismus frühe gezielte Fördermaßnahmen sinnvoll sind und sowohl der Diagnostikprozess als auch die Initiierung entsprechender Hilfsangebote Zeit brauchen, profitiert eine Familie davon, wenn man als Fachkraft konkrete Anlaufstellen und die nächsten erforderlichen Schritte nennen kann, um Zeit zu sparen. Eine Autismus-Diagnostik kann im Alter ab anderthalb/zwei Jahren gemacht werden. Falls noch nicht vorhanden, benötigt die Familie i.d.R. eine Überweisung von dem/der Kinderärzt:in, falls diese:r keine Diagnostik durchführt. Da es noch Kinderärzt:innen gibt, die wenig über Autismus wissen oder die Haltung vertreten, dass »es sich schon noch verwächst«, kann man die Eltern im Vorfeld entsprechend stärken und darauf vorbereiten. Es geht nicht darum, dass die Diagnose unbedingt das Ziel sein muss, sondern »nur« um den Wunsch einer genaueren Abklärung, ob es andere Gründe für Verhaltensweisen oder Entwicklungsschritte gibt. Denn mit diesem Wissen kann man passendere Fördermaßnahmen oder Unterstützungsangebote für das entsprechende Kind planen, bevor es evtl. weitere (und möglicherweise negative) Erfahrungen sammelt (z.B. aufgrund von regelmäßigen Wutausbrüchen). Daher hat man, auch wenn am Ende der Diagnostik keine Diagnose festgestellt werden sollte, nichts zu verlieren, sondern gewinnt weitere Erkenntnisse, die bei der Begleitung des Kindes eine wichtige Rolle spielen. Mit einer Überweisung können sich die Eltern dann an Fachkräfte wenden. Das sind z.B. sozialpädiatrische Zentren, Fachabteilungen in Kliniken, Praxen für Kinder- und Jugendlichenpsychotherapie, usw.

Da die Versorgungslage aufgrund hoher Nachfrage recht angespannt ist, kommt es evtl. zu Wartezeiten. Die Diagnose verschafft Zugang zu bestimmten Hilfen, die ebenfalls stark nachgefragt sind, hier sind erneut Wartezeiten wahrscheinlich. Dies kann den Eltern auch vorbereitend erklärt werden, damit eine Frustration verringert wird: schließlich haben sich die Eltern gerade zu einer Diagnostik überwunden und werden dann »ausgebremst«. Es kann erfolgreich sein, wenn die Eltern mehrere Diagnostikstellen abtelefonieren und Bereitschaft signalisieren, auch kurzfristig einzuspringen, falls eine andere Familie absagt oder dass sie weitere Fahrtwege in Kauf nehmen kann. Wenn die Diagnostik beginnt, finden i. d. R. mehrere Termine statt. Nach einem Gespräch (oder mehreren Gesprächen) mit den Eltern werden in Spielsituationen Anforderungen an das Kind gestellt, um Verhaltensbeobachtungen zu sammeln. Viele Diagnostizierende wenden sich auch an das Umfeld und hospitieren z. B. in der Kindertageseinrichtung, um das Verhalten im alltäglichen Umfeld zu beobachten. Oder sie fragen Eindrücke durch z. B. Fragebögen oder Entwicklungsberichte von Umfeldpersonen ab. Je nach Einschätzung werden auch weitere (medizinische) Untersuchungen empfohlen, um andere mögliche Ursachen und Diagnosen zu überprüfen und ggf. auszuschließen (z. B. durch EEG, MRT usw.). Auch standardisierte Tests werden durchgeführt (z. B. Intelligenz- und Entwicklungstests), um Erkenntnisse zu sammeln. Bei einem begründeten Verdacht auf Autismus werden als standardisierte (autimusspezifische) Testverfahren häufig der ADOS[25] und ADI-R[26] angewandt. Eine Diagnostik ist also relativ aufwändig und indi-

---

25 ADOS (Autism Diagnostic Observation Schedule) ist ein standardisiertes Testverfahren, das innerhalb der Diagnostik für Autismus-Spektrum-Störungen ab dem Lebensalter von 12 Monaten angewendet werden kann. Es beinhaltet vorgegebene Aufgabenstellungen, die an das Kind gestellt werden. Je nach Alter des Kindes muss es entsprechende Aufgaben lösen. Diese werden nach den Vorgaben be- und ausgewertet, um ein Ergebnis zu erhalten, das die Wahrscheinlichkeit des Vorliegens einer Autismus-Spektrum-Störung anzeigt.

26 ADI-R (Autism Diagnostic Interview – Revised) ist ebenfalls ein standardisiertes Testverfahren zur Feststellung des Vorliegens einer Autismus-Spektrum-Störung, das als Interview (für die Eltern) angewandt und häufig zusammen mit dem

viduell. Selbst wenn sich der Autismus-Verdacht nicht bestätigt, kann man den Hinweisen weiter nachgehen. Wichtige mögliche sog. Differentialdiagnosen (also Diagnosen, die ähnliche Verhaltensweisen auslösen können) im Zusammenhang mit einem Verdacht auf Autismus sind z. B. AD(H)S, Sprachentwicklungsstörungen, Störungen des Hörens oder Sehens, Bindungsstörungen, Störungen des Sozialverhaltens usw. (vgl. Kamp-Becker & Bölte, 2024). Die Abgrenzung zu Autismus ist wichtig, um geeignete pädagogische Unterstützung zu geben.

Im Zuge einer Diagnostik und aufgrund der Ergebnisse können auch mehrere Diagnosen gestellt werden, sodass bspw. neben dem Vorliegen einer Autismus-Spektrum-Störung auch Epilepsie festgestellt wird. Da der Prozess recht aufwändig und für Eltern vielleicht auch fordernd ist, können sie durch Gesprächsangebote von Seiten der Kindertageseinrichtung begleitet werden. Häufig sehen Eltern keine Gelegenheit oder trauen sich innerhalb des Diagnostikprozesses nicht, Fragen zu stellen – was warum wie gemacht wird – und die eigenen Beobachtungen zu ihrem Kind darzustellen.

Spätestens zum Abschluss einer Diagnostik findet i. d. R. ein ausführliches Gespräch statt, in dem über die Ergebnisse gesprochen wird und weitere Schritte vorgeschlagen werden. Die Eltern sind allerdings häufig nicht aufnahmebereit dafür: Zunächst werden sie bei einer Bestätigung des Verdachts auf Autismus mit dem Ergebnis konfrontiert, dass ihr Kind eine sog. tiefgreifende Entwicklungsstörung hat, und erhalten dann viele Informationen, die hilfreich sind, aber häufig nicht aufgenommen werden können, weil es zu viel und emotional aufgeladen ist. Zudem wird ein ausführlicher Bericht geschrieben, den die Eltern erhalten und in dem sie z. B. Empfehlungen für mögliche weitere Schritte/Unterstützungsangebote erlesen können. Die Inhalte sind allerdings teilweise unverständlich, weil z. B. Abkürzungen oder Fachbegriffe enthalten sind, die von Fachpersonen verstanden werden, aber nicht unbedingt von den Eltern. Auch hier können Eltern davon profitieren, einerseits ihre Sorgen und Ängste, die durch eine Diagnose hervorgerufen werden können, zu besprechen und sie bei

---

ADOS durchgeführt wird, um das Vorliegen einer Autismus-Spektrum-Störung zu erkennen.

den vertrauten Kita-Fachkräften »abzuladen«. Zum anderen ist es sinnvoll, ihnen anzubieten, die Diagnostik-Ergebnisse und die gewonnenen Inhalte gemeinsam anzuschauen, bspw. gemeinsam den Diagnostik-Bericht durchzugehen und »zu übersetzen«. Dies kann verhindern, dass die Eltern im Internet recherchieren und auch auf unseriöse Quellen treffen, die Sorgen eher vergrößern als abmildern.

Darüber hinaus kann man die Eltern für eine mögliche weitere Abklärung sensibilisieren: Oft bieten die Praxen/Kliniken, die die Diagnose gestellt haben, auch eine Art Nachversorgung an oder Gespräche, die in Anspruch genommen werden können, manchmal aber auch nicht. So ist es etwa, gerade wenn die Diagnose früh vergeben wurde, weiterhin sinnvoll, an mögliche z. B. Sinneseinschränkungen zu denken. In den U-Untersuchungen bei dem/der Kinderärzt:in, die regelmäßig stattfinden, ist die Zeit für eine Untersuchung i. d. R. begrenzt und autistischen Kindern kann es schwerfallen, in dieser ungewohnten Umgebung an sie gestellte Anforderungen umzusetzen, sodass Kinderärzt:innen basierend auf den Erzählungen der Eltern Einschätzungen treffen. Sinnvoll ist es, die Eltern dann zu einer Fachpraxis oder Klinik zu schicken, wenn die Untersuchungen nicht erfolgreich stattfinden und kein Ergebnis erzielt werden konnte, um entsprechende umfangreichere Untersuchungen in die Wege zu leiten. Spezialist:innen haben entsprechendes Equipment, um bspw. gezielt auf die Funktion des Hörens oder Sehens zu schauen und festzustellen, ob z. B. eine Brille benötigt wird. Wenn eine Hörverarbeitungsproblematik nicht festgestellt wird, hat dies zusätzlich zu den autismusbedingten Verhaltensweisen Auswirkungen. Auch Zahnschmerzen oder andere diffuse Schmerzen, die vom Kind nicht direkt benannt werden können, haben großen Einfluss auf das Kind – teils ziehen diese sich stark zurück, weil der Schmerz betäubt, teils zeigen sich starke herausfordernde Verhaltensweisen, weil der Schmerz nicht auszuhalten ist. Auch permanenter Schmerz, der sich immer wieder bemerkbar macht, erklärt z. B. eine herabgesetzte Frustrationsgrenze oder Verhaltensweisen »ohne ersichtlichen Grund«. Daher gilt es, auch das Vorliegen von möglichen Schmerzen festzustellen und im besten Fall auszuschließen (vgl. Schlichting & Gelhaus & Nußlein, 2023).

2.5 Umgang mit Wartezeiten und Unterstützungsmöglichkeiten

Es gibt Unterstützungsmöglichkeiten[27], für die eine Diagnose nicht zwingend erforderlich ist. Dies kann auch relevant sein, falls sich die Eltern gegen eine Diagnostik entscheiden oder durch die Diagnostik keine eindeutige Diagnose festgestellt werden konnte. Eine festgeschriebene Diagnose kann allerdings dabei helfen, den Zugang zu bestimmten Angeboten ggf. schneller zu erreichen. Es gibt auch regionale Beratungsstellen, die aufzeigen, welche Hilfen die Familie aufsuchen kann, bspw. Teilhabeberatungsstellen.

Allgemeine Unterstützung gibt es bspw. durch Leistungen der Kinder- und Jugendhilfe (Ansprechstelle ist das Jugendamt), etwa durch eine *Familienhilfe*, die bei Fragen der kindlichen Erziehung unterstützt, gerade, wenn hier größere Schwierigkeiten auftreten, oder andere z. B. regionale Angebote der Jugendhilfe. Es gibt auch viele Anbieter wie den Kinderschutzbund, der bspw. *Elternkurse* anbietet, auf die man die Eltern verweisen kann. Darüber hinaus gibt es Angebote von *Erziehungsberatungsstellen*, die bei entsprechendem Bedarf aufgesucht werden können.

Bei erhöhtem *Pflegebedarf* kann die Einstufung und Feststellung eines Pflegegrads erfolgen; dies muss bei der Pflegekasse beantragt werden (die ist häufig angegliedert an die jeweilige Krankenkasse). Die Einstufung kann sowohl Geld- als auch Sachleistungen als Ausgleich für einen erhöhten Pflegeaufwand bringen (hier kann man sich entsprechend informieren).

Bei Entwicklungsverzögerungen, sog. Verhaltensauffälligkeiten oder Behinderungen kann *Frühförderung* auch unterstützen. Sie kann je nach Bedarf, Planung und Angebot ambulant in Praxisräumen, im häuslichen Umfeld oder in der Kindertageseinrichtung stattfinden und zielt auf eine individuelle Förderung ab, um Entwicklungspotentiale aufzudecken und zu unterstützen. Die Beratung ist Teil dieses Angebots. Diese kann bis zur

---

27 Die im folgenden genannten Unterstützungsangebote sind sicherlich nicht vollständig, sondern sollen einen groben Überblick verschaffen, was möglich ist. Regional kann es unterschiedlich sein. Ein allgemeiner Überblick kann z. B. durch Informationsbroschüren gegeben werden, die teilweise in unterschiedlichen Sprachen verfügbar sind (z. B. »Elternratgeber Autismus-Spektrum« von autismus Deutschland e. V., 2023 oder »Mein Kind ist behindert – diese Hilfen gibt es« von Kruse, 2023).

Einschulung beantragt werden und wird von der Eingliederungshilfe (und ggf. Krankenkasse) getragen.[28]

Weitere Leistungen, die mit einem Rezept von der Kinderarztpraxis von der Krankenkasse finanziert werden, sind *Ergotherapie*, *Logopädie* und/oder *Physiotherapie*. Je nach Fähigkeiten oder Entwicklungsherausforderungen können diese entsprechend auch unterstützen.

Weiterhin kann bspw. eher zurückhaltenden Kindern die Teilnahme an *Gruppenangeboten* dabei helfen, mehr Selbstvertrauen zu bilden und soziale Fertigkeiten in einer anderen Gruppenzusammenstellung auszubauen. Hier gibt es bspw. die regional verfügbaren Sportangebote und andere Angebote von lokalen Vereinen. Auch andere Gruppenangebote ohne Leistungsdruck können unterstützend wirken, wie z. B. Pfadfinder, psychomotorische Gruppen, tiergestützte Angebote usw. (hier kann man sich regional entsprechend über relevante Angebote und evtl. finanzielle Zuschüsse informieren).

Welche Hilfen gibt es zusätzlich, wenn eine Autismus-Diagnose schriftlich gesichert ist?

Durch eine gesicherte Diagnose kann sich der Zugang zu den oben beschriebenen Leistungen vereinfachen. Wenn ein Antrag auf eine Hilfe gestellt wird, kann die Diagnose ein unterstützendes Argument liefern, um ggf. schneller oder leichter den Zugang zu einer Hilfe zu erhalten.

Die gesicherte Diagnose führt auch dazu, dass eine Kindertageseinrichtung mehr Ressourcen zur Verfügung gestellt bekommen kann. Die Eltern sollten hinzugezogen werden, da sie bestimmten Maßnahmen zustimmen müssen. Bekannte sog. Beeinträchtigungen/Behinderungen können sich in Regeleinrichtungen, die inklusiv/integrativ arbeiten, auf den Betreuungsschlüssel auswirken. Bei einem erhöhten Unterstützungsbedarf kann auch entweder Frühförderung in der Einrichtung unterstützen oder eine Integrationskraft, die erforderlichenfalls umfangreichere 1:1-Begleitung leisten kann. Der Umfang einer möglichen Einzelintegrati-

---

28 Es gibt hier regionale Unterschiede und Unterschiede in der Leistung (bspw. Frühförderung als Komplexleistung). Beratung erhält man zum Angebot der Frühförderung und zum Zugang zur Hilfe bei den entsprechenden Frühförderstellen oder -praxen.

onshilfe muss je nach Bedarf mit dem zuständigen Kostenträger[29] vereinbart werden bzw. wird in entsprechenden Gesprächen zur Teilhabe als Leistung der Eingliederungshilfe reflektiert. Auch vorhandene Berichte und ggf. Hospitationen können für die Einschätzung eines besonderen Förderbedarfs hinzugezogen werden. Das Einstellen von Heilerziehungspfleger:innen oder Heilpädagog:innen ist häufig erst bei Vorliegen einer diagnostizierten Behinderung möglich, sodass multiprofessionelle Teams entstehen können. Je nach Einordnung des Bedarfs kann die Kita zusätzliche Fachkraftstunden beantragen. Beansprucht ein Kind mit Autismus dann einen Integrations-Platz, sind auch bestimmte Kriterien festgelegt, die die Einrichtung erfüllen muss, um einen Integrations-Platz anbieten zu können (z. B. entsprechende Unterstützung durch eine heilpädagogische Fachkraft). Eltern könnten auch selbst über das sog. persönliche Budget bspw. eine Einzelintegrationskraft suchen und einstellen. Als Einrichtung gilt es dann, zu kooperieren und das Einverständnis für die Umsetzung zu geben.

Bei entsprechendem Bedarf kann auch ein Besuch eines heilpädagogischen Kindergartens oder einer heilpädagogischen Gruppe möglich und auch sinnvoll sein, wenn dieses Angebot vorhanden ist. Heilpädagogische Gruppen bieten eine Kindertagesbetreuung für Kinder mit besonders hohen Teilhabebedarfen an. Sie haben kleinere Gruppen und einen recht hohen Personalschlüssel. Das Personal setzt sich i. d. R. multiprofessionell zusammen. Die Wahl der Institution hängt davon ab, ob es ein regionales Angebot gibt und wie hoch der Unterstützungsbedarf ist. Es gibt viele autistische Kinder, die sich eher in kleineren Gruppensettings wohlfühlen, aber es gibt auch positive Konstellationen in bspw. offenen und großen Regeleinrichtungen. Der individuelle Bedarf des autistischen Kindes ist hier zu beachten (Autismus ist eben nicht gleich Autismus). Regeleinrichtungen können auf mehreren Ebenen profitieren, wenn sie ein inklusives Angebot durch die vorhandenen Hilfestellungen umsetzen. Die Bereitschaft der Einrichtung, sich auf die besonderen Bedürfnisse des Kindes einzustellen, ist oft ausschlaggebend(er).

---

29 Je nach Bedarfen handelt es sich um Maßnahmen der Eingliederungshilfe oder Jugendhilfe.

Den Familien stehen (seit 2024) *Verfahrenslots:innen* als Ansprechpartner:in zur Verfügung. Das sind Ansprechpersonen im Jugendamt, die Familien bei der Beantragung von Hilfen beraten und unterstützen können.

Über die Eingliederungshilfe kann eine *Autismus-Therapie* beantragt werden. Diese wird bspw. in Autismustherapiezentren angeboten. Die Zielsetzungen dieser Therapie ist eine größtmögliche Teilhabe und Selbstständigkeit und kann entsprechend unterschiedliche Schwerpunkte beinhalten, z. B. Entwicklungspotentiale aufgreifen und Fähigkeiten erweitern, Brücken zu einer übermäßig nicht-autistisch wahrnehmenden Welt zu schlagen, Handlungsstrategien zu entwickeln und erweitern, das Umfeld zu beraten im Umgang mit autismusspezifischen Verhaltensweisen usw. Konkret können Ziele der Ausbau von Schlüsselkompetenzen sein, Anbahnung oder Erweiterung kommunikativer Fähigkeiten, Aufbau einer Arbeitsmotivation und sich Einlassen auf Anforderungen, Regulierung von Emotionen usw. Viele Autismustherapiezentren bieten neben der Einzeltherapie auch Gruppenangebote an oder Angehörigentreffen oder Fortbildungsmöglichkeiten.[30]

Mit der Autismus-Diagnose kann zudem auch beim zuständigen Versorgungsamt die Einordnung eines *Grad der Behinderung* beantragt werden. Die Eltern müssen nach einem Antrag i. d. R. Fragebögen ausfüllen und alle vorhandenen Berichte einreichen, damit das Amt die Teilhabeschwierigkeiten aufgrund des Autismus einschätzen und einen sog. Grad der Behinderung festlegen kann. Dieser ist zwischen 0 und 100 möglich, ab einem Grad der Behinderung von 50 kann ein Schwerbehindertenausweis beantragt werden. Dazu gibt es Merkzeichen, die aufgrund besonderer Teilhabehindernisse zusätzlich vergeben werden können und andere Nachteilsausgleiche beinhalten (z. B. eine Begleitperson oder Inanspruchnahme des Parkens auf Behindertenparkplätzen usw.). Detaillierte Auskünfte über Nachteilsausgleiche und Ansprüche gibt es entweder direkt beim Versorgungsamt oder z. B. bei Teilhabeberatungsstellen.

Aufgrund »behinderungsbedingter« Schwierigkeiten kann bei einer Autismus-Diagnose die Übernahme unterschiedlicher *Hilfsmittel*, die für

---

[30] Nähere und weiterführende Informationen gibt es z. B. beim Bundesverband autismus Deutschlang e. V. (unter https://www.autismus.de/) oder bei den regionalen Anbietern bzw. Autismus-Therapie-Zentren.

2.5 Umgang mit Wartezeiten und Unterstützungsmöglichkeiten

das individuelle Kind erforderlich sind, über die Krankenkasse beantragt werden. Im Bereich der Kommunikationsunterstützung ist als Hilfsmittel häufig eine elektronische Kommunikationssoftware bekannt (z. B. ein Talker, also ein Tablet mit entsprechender Kommunikations-Software), aber auch bspw. Schweredecken oder Gurtsysteme für das Auto können über eine Hilfsmittelversorgung beantragt werden. Dieser Antrag wird geprüft und ggf. werden die Kosten übernommen und das Hilfsmittel gestellt. Auch hier gibt es Beratungsstellen, um Unterstützung bei der Beantragung und dem Krankenkassenkontakt zu erhalten.[31] Hier profitiert man von Tipps über mögliche Hilfsmittel anderer Familien, da eine Hilfsmittelversorgung bei Autismus ganz unterschiedlich aussehen kann.

Weiterhin ist es möglich, einen *Fahrdienst* zur Kindertageseinrichtung zu beantragen, vor allem, wenn das Kind in einen heilpädagogischen Kindergarten geht, der weiter entfernt vom Wohnort ist.

Wenn vor der Einschulung bereits eine Diagnose vorliegt und eine intensivere Begleitung des Kindes erforderlich ist, kann der Bedarf einer *Schulbegleitung/Schulassistenz* erwägt werden (dazu z. B. Lindmeier & Lindmeier & Langenhoff, 2024). So könnte der Schulstart so gestaltet werden, dass das Kind möglichst positive Erfahrungen sammelt. Bereits funktionierende Strategien, die in der Kindertageseinrichtung erarbeitet wurden, können fortgeführt werden (bspw. sich mit der Begleitung eine Auszeit zu nehmen und zurückzuziehen). Die Beantragung einer Unterstützung im schulischen Feld unterscheidet sich regional, daher lohnt es sich, sich frühzeitig über einen möglichst reibungslosen Übergang in die Schule auszutauschen (▶ Kap. 3.2.9).

Die Eltern stehen insgesamt vor einer großen Aufgabe: Ihr Kind, das sich anders entwickelt als andere, hat nun (»auch noch«) eine Diagnose erhalten und sie werden konfrontiert mit vielen unterschiedlichen Möglichkeiten der Unterstützung. Als Fachkraft in einer Kindertageseinrichtung ist man nah an der Familie – man erlebt die Eltern täglich und hat sie ggf. schon auf dem Weg zur Diagnose begleitet. Viele Eltern benötigen weiterhin ein

---

31 Im Bereich der Unterstützenden Kommunikation gibt es Anbieter, die auch bei der Auswahl einer passenden Kommunikationsunterstützung helfen (z. B. RehaVista, TalkTools, PrentkeRomich, usw.).

offenes Ohr, um Fragen zu stellen oder einfach Sorgen »abladen« zu können. Auch die Einordnung unterschiedlicher Hilfen ist oft sinnvoll – viele Eltern werden sozusagen erschlagen von den Angeboten und Zugangswegen. Sie wollen möglichst alles für ihr Kind in die Wege leiten und stehen vor einem großen Berg, der zunächst geordnet und priorisiert werden sollte. Die Anträge für Hilfeleistungen können auch abgelehnt werden. Bei einem Besuch eines heilpädagogischen Kindergartens ist eine zusätzliche Beantragung von z. B. einer Autismustherapie häufig schwierig, wenn der Kostenträger argumentiert, dass der Bedarf durch die intensive(re) Begleitung und Förderung im heilpädagogischen Kindergarten schon abgedeckt sei.[32]

> Manche Eltern investieren viel Energie darin, so schnell wie möglich Förderungen und Therapien in die Wege zu leiten, weil sie keine Zeit verlieren wollen. Und auch, wenn frühe Förderung besonders sinnvoll und wirksam ist, benötigen diese Eltern manchmal auch eine Erlaubnis, es ein wenig ruhiger angehen zu lassen, selbst Luft zu holen und sich Zeit zu nehmen, um die Diagnose erst einmal zu verarbeiten. Auch das ist ein Prozess, der immer wieder Aufmerksamkeit bedarf – auch in späteren Lebensphasen des Kindes (bspw. wenn das Kind auf Unterstützung angewiesen bleibt).

Dazu benötigt nicht unbedingt jedes Kind eine extra Fördermaßnahme. Es ist individuell zu überprüfen, welche Maßnahmen sinnvoll sind und von welchen Unterstützungsangeboten das Kind profitieren könnte, um bestehende Teilhabeschwierigkeiten zu reduzieren.

Außerdem sind manche Eltern schon vor der Diagnose verunsichert und diese Verunsicherung nimmt nach der Diagnose eher zu. Sie verstehen ihr Kind oder Verhaltensweisen des Kindes nicht und fühlen sich vielleicht

---

32 Dies sind Erfahrungswerte in der Zusammenarbeit mit Eltern. Es ist ein Beispiel dessen, was Eltern erleben und schildern, das nicht auf alle Kostenträger zutreffen wird. Ein Widerspruch ist allgemein bei einer Ablehnung einer Hilfe manchmal erfolgreich, aber dafür benötigt es die Energie der Eltern und entsprechende fundierte Argumente der Notwendigkeit der Hilfe (sowie die rechtliche Grundlage).

2.5 Umgang mit Wartezeiten und Unterstützungsmöglichkeiten

nicht vorbereitet oder stark genug, angesichts der Herausforderung ein Kind mit dieser Diagnose und anderen Bedarfen zu erziehen. Auch hier kann man einen Raum bieten, in dem die Eltern über ihre Unsicherheiten reden und darin gestärkt werden können, dass sie Expert:in für ihr Kind sind, bleiben oder werden, auch wenn es vielleicht mehr oder andere Bedürfnisse hat. Den Eltern hilft es, wenn man konkret an Beispielen schildern kann, was gut in der Kita funktioniert. Gerade wenn die Eltern gehemmt sind und nicht wissen, was sie mit ihrem Kind machen können, weil es autismusbedingt einseitige Interessen zeigt oder sie wenig von sich aus einbezieht, können Erwartungen an die gemeinsame Zeit reflektiert werden. Konkrete Tipps, wie die Eltern in Kontakt kommen können, können gegeben werden (Anregungen dazu z. B. bei Rogers & Dawson & Vismara, 2016). Das Gespür und die Einschätzung von Anforderungen, die ihr Kind bewältigen kann, ist dann hilfreich.

Beispiel: Frust bei gemeinsamen Erlebnissen

Ein Vater berichtete verzweifelt in einem Elterngespräch, dass er keine Ahnung habe, was er nach dem Kindergarten mit seinem Sohn noch machen kann. Immer, wenn er ihn bringt oder abholt, erlebt er ein aufgewecktes Kind, welches sogar die Erzieherin anlächelt. Bei ihm passiere dies nie. Er wolle seinem Kind etwas Gutes tun und Ausflüge machen – aber selbst bei einem Spielplatzbesuch renne sein Sohn nur von einem Spielgerät zum nächsten und ignoriere, wenn schon ein Kind auf der Schaukel sitzt. Versuche, seinen Jungen dazu zu bringen, sich an Regeln zu halten und abzuwarten, gelingen nicht. Die Blicke der anderen Eltern seien ihm unangenehm, sodass er mittlerweile keine Ausflüge mehr unternimmt. Auch interessiere sich der Sohn wenig dafür, etwas am Tisch zu spielen oder gemeinsam mit Bauklötzen zu bauen – er nehme dann immer nur die gelben Figuren (Spielfiguren und Bauklötze) und reihe sie auf. Wenn der Vater versuche, sich einzubringen und z. B. Bauklötze auf die Reihe zu stapeln, fange der Sohn an zu schreien, nehme die Bauklötze und ziehe sich zurück.

Diese oder ähnliche Situationen berichten Eltern häufig. Autistische Kinder können einseitige Interessen haben, die besonders intensiv und ausdauernd verfolgt werden. Es entwickeln sich auch Rituale oder wiederkehrende Abläufe im Spiel, die starr eingehalten werden. So wird dann bspw. mit Bauklötzen weniger fantasievoll gespielt, sondern diese werden immer in exakt derselben Anordnung aufgereiht, bis alle Bauklötze in einer Reihe stehen, und dann werden sie wieder eingeräumt. Die Beschäftigung mit Materialien schafft dabei eine Sicherheit, denn sie sind immer gleich und erfüllen immer denselben Zweck. So verändert ein Bauklotz z. B. nicht einfach seine Form, Größe oder seinen Klang, wenn er hingestellt wird. Das schafft Vorhersehbarkeit und vermittelt Sicherheit. Wenn etablierte Handlungsabläufe unterbrochen oder »gestört« werden, entsteht eine Irritation. Der Vater im obigen Beispiel konnte nicht nachvollziehen, dass seine gut gemeinten Ideen und Vorschläge diese abwehrende Reaktion auslösten. Er meinte es gut und war durch die abwehrende Reaktion seines Kindes sehr stark verunsichert in seiner Elternrolle. In Gesprächen wurde er angeregt, seine Erwartungen an eine gelungene Vater-Sohn-Zeit zu reflektieren und den Entwicklungsstand seines Sohnes einordnen zu können. Konkrete Ideen halfen ihm, mehr in Kontakt mit seinem Sohn zu kommen, indem er zunächst seine Impulse (z. B. die Bauklötze in die Höhe zu bauen) zurücknahm und für die seines Sohnes sensibilisiert(er) zu sein (bspw. erst einmal parallel ebenfalls eine Reihe aus Bauklötzen zu bauen und eine mögliche Reaktion abzuwarten).

3 Praktische Tipps für den Kita-Alltag

Jede Kindertagesstätte oder Einrichtung zur Kinderbetreuung hat ein eigenes Konzept, eine andere Tagesstruktur sowie eine eigene Gestaltung von pädagogischen Inhalten. Auch innerhalb einer Einrichtung kann es unterschiedliche Inhalte und Angebote geben, weil sie zudem von den jeweiligen Fachkräften und deren Haltung, Erfahrung und Vorstellungen abhängig sind. Pauschal kann man nicht sagen, dass sich ein bestimmtes Konzept eher für die Betreuung autistischer Kinder eignet. Auch wenn Strukturen oder kleinere Gruppenkonstellationen vielen Kindern entgegenkommen, die sich im Autismus-Spektrum befinden, können diese nicht nur in einem Gruppenformat integriert werden, sondern auch offene Einrichtungen eignen sich bei entsprechender Gestaltung grundlegend für die Betreuung autistischer Kinder. Vorteilhaft ist eher, dass es die Möglichkeit gibt, auf individuelle Bedürfnisse Rücksicht nehmen bzw. entsprechende Maßnahmen umsetzen zu können.

> Vorrangig geht es in jedem Fall um das Schaffen von Sicherheit, die Kinder in jeder Einrichtung entwickeln können, indem bspw. Abläufe oder Erwartungen (wie soll ich mich gerade verhalten?) transparent gestaltet werden.

Im Folgenden werden »typische« Elemente aufgegriffen, die in Kindertageseinrichtungen häufig eine Rolle spielen, um eventuelle Hürden in der Betreuung autistischer Kinder zu überwinden. Denn obwohl mehr Personal schon eine Unterstützung wäre, gibt es auch mit geringer personeller Besetzung das ein oder andere, das den Kita-Alltag für alle entspannter machen bzw. für autistische Kinder nicht selten erst ermöglichen kann.

3 Praktische Tipps für den Kita-Alltag

3.1 Zugangswege zum Kind finden

Immer mehr Kinder zeigen sich im Rahmen der Kinderbetreuung als »besonders« oder »speziell«. Durch die Anforderungen an die Fachkräfte, dass die Kinder möglichst gut auf die Schule vorbereitet und entsprechende Angebote im Rahmen der Betreuung umgesetzt werden, ist es an manchen Tagen ein Kraftakt, die Balance zu finden, um allen Kindern gerecht zu werden. Nicht zuletzt durch den permanenten Personalmangel (nicht nur durch krankheitsbedingte Ausfälle, sondern auch durch unbesetzte Stellen) erreicht man eher eine Grenze, sodass mehr auf allgemeine Angebote zurückgegriffen wird. Bei vielen Kindern ist es wichtig und so auch gerade bei Kindern im Autismus-Spektrum, dass die eigene Erwartungshaltung realistisch reflektiert wird. Da eine mögliche Diagnose nicht unbedingt vor Eintritt in den Kindergarten bekannt ist, ist es bei jedem Kind erforderlich, gerade zu Beginn sensibel die Bedürfnisse des Kindes wahrzunehmen, um ihm einen möglichst guten Start in der Einrichtung zu ermöglichen.

Der Beziehungsaufbau steht unabhängig von Konzeption und möglichen Besonderheiten in der Entwicklung im Vordergrund. Viele Kinder kennen es nicht, fremdbetreut zu werden, und nicht nur die Menschen und Räume sind neu, sondern auch die Geräuschkulisse und andere Sinneseindrücke kommen dazu. Dies kann nicht nur autistische Kinder beeindrucken und zunächst überfordern. Teilweise bedienen sich die Kinder dann individueller Bewältigungsstrategien, um mit der neuen Situation zurecht zu kommen. So setzen sich bspw. manche Kinder mit Autismus eher intensiv mit Materialien auseinander, die vorhersehbar reagieren und deren Wirkungen zielgerichtet ausgelöst werden. Hier ist es wichtig, sich als attraktive:r Spielpartner:in zu zeigen, mit dem/der es Spaß und Freude machen kann zu spielen. Materialien und Spielzeuge verhalten sich vorhersehbar. Eventuell hat das autistische Kind bereits in Kontaktsituationen negative Erfahrungen gesammelt, weil es nicht verstanden wurde, weil es überfordert war/wurde usw. Ein Ansatz kann dann sein, sich selbst vorhersehbarer zu verhalten, Impulse des Kindes aufzugreifen und die Vorteile schrittweise zu vermitteln, die es haben kann, in den Kontakt zu treten, sodass das Kind sich weniger zurückzieht. Dabei geht es darum, dass das

Kind die Vorteile erkennt, Freude am gemeinsamen Tun entwickelt und deswegen in eine Kontaktsituation treten möchte oder sich auf einen Kontaktversuch einlässt.

Beispiel: Als Interaktionspartner:in interessant werden

Ein Junge, der neu zur Therapie kam, lief in jedem Termin mit ausgebreiteten Armen im Kreis, linksherum, und wiederholte denselben Laut. Er variierte in Geschwindigkeit und Lautstärke. Ab und zu stoppte er, drehte seinen Kopf in Richtung der Fenster, bevor er weiterlief. Auf Ansprache oder Vorschläge reagierte er nicht sichtbar, sondern machte immer weiter in seinem Handlungsablauf.

Zunächst sah ich zu, um sein Verhalten zu beobachten. Dann probierte ich aus, ihm verschiedene Spielmaterialien anzubieten, um so seine Aufmerksamkeit zu erlangen – auch ohne den erhofften Erfolg. Dann stieg ich irgendwann in sein Spiel ein und imitierte ihn und lief mit ihm im Kreis. Ich griff seine Vorgaben zur Geschwindigkeit auf und passte mein Tempo an seines an. Dazu produzierte ich ebenfalls einen Laut, den ich aufgrund seiner Variation ebenfalls anpasste. Der Junge fing an, für kurze Zeit seinen Laut zu unterbrechen, und schien mir zuzuhören, bevor er wieder anfing. Er hörte immer länger zu und schien interessiert an meinen Variationen von Geschwindigkeit und Lautstärke. So entstand eine Wechselseitigkeit. Im Verlauf konnte er sich immer längere Zeitspannen auf diese Interaktionen einlassen und nahm dann auch weitere Impulse an: bspw. Rhythmen/kurze Lieder/ Kombination mit Bewegungsimpulsen.

Dieses Beispiel beschreibt eine reizarme Situation, in der der Fokus nur auf einem Kind liegt. Oft kann man sich aber auch im trubeligen Kindergartenalltag Zeitfenster schaffen (und ganz kurze Situationen reichen zunächst vollkommen aus), in denen kurze Interaktionen initiiert werden können. Dazu ist es hilfreich herauszufinden: Wofür interessiert sich das Kind? Wie könnte man auf sich aufmerksam machen, z.B. etwas Interessantes zum Spiel beitragen oder sich unterstützend positionieren? Kann man mögliche Störreize oder Störfaktoren ausblenden, damit sich das Kind wohler fühlt? Wenn das Kind in einer Überforderungssituation ist, vielen

Stressoren ausgesetzt ist, dann kann es sich vermutlich weniger oder kürzer auf Interaktionsmomente einlassen.

> Im Kontext von Autismus ist es (noch) wichtig(er), auf die Vorschläge bzw. Impulse des Kindes zu warten. Gerade, weil die Auseinandersetzung mit Spielmaterialien ggf. nicht »üblich« oder »wie vorgesehen« stattfindet, erkennt man ein Interesse des Kindes vielleicht erst beim zweiten Blick.

Wenn man sich selbst mehr zurücknimmt, lässt man dem Kind die Möglichkeit, selbst mehr zu machen oder aktiv(er) zu werden, um das, was man gemacht hat, nochmal auszulösen. Beispielsweise kann ein Kind aufmerksam werden und so eigeninitiativ die Blickrichtung auf sein Gegenüber richten. Wenn dann eine für das Kind interessante Reaktion erfolgt, kann es (nach entsprechenden Wiederholungen) lernen, dass das Aufnehmen von Blickkontakt bzw. entsprechende Neigen des Kopfes eine für ihn tolle Reaktion zur Folge hat – also mit etwas Positivem und Sinnvollem verknüpfen, sodass es zukünftig vielleicht sogar mehr und von sich aus den Kontakt durch diese Kopfbewegung sucht. Es hat gelernt, dass sich Blickkontakt lohnt und Spaß macht, weil dann etwas Tolles passiert. Dafür ist es allerdings wichtig, kleine Signale des Kindes zu sehen und sensibilisiert zu sein – auch für minimale Veränderungen, die im Verlauf immer größer werden können. Eine ausgewogene Einteilung von Situationen, in denen man Anforderungen stellt, und Entspannungszeit – also Zeit, in denen das Kind seinen Bedürfnissen nachgeht –, ist wichtig, um das Kind nicht zu überfordern.[33]

---

33 Weiterführende Literatur dazu finden sich in beziehungstherapeutischen Ansätzen, z. B. Aufmerksamkeits-Interaktions-Therapie (Hartmann, 2011), Relationship Development Intervention (Gutstein & Sheely, 2002), DIR-Floortime (Janert & Zirnsak & Acerbi & Hohndorf, 2023), Differenzielle Beziehungstherapie (Rittmann, 2017).

3.1 Zugangswege zum Kind finden

Beispiel: Strategien zur Entspannung ermöglichen

Ein Mädchen spielte im Kindergarten gerne mit den Bauklötzen. Es reihte sie auf und baute so auch geometrische Formen nach. Vor allem in Freispielsituationen suchte es die Bauecke als Rückzugsmöglichkeit. Auf Ansprache reagierte es nicht sichtbar, wenn es in diesem Spiel versunken war. Auch Impulse anderer Kinder griff das Mädchen nicht auf bzw. ging nicht darauf ein, sondern fokussierte sich auf die Bauklötze. Die Kinder, mit denen es z. b. auf dem Außengelände spielte, kannten es schon so und akzeptierten, dass es in der Ecke nicht gestört werden wollte. Für das Mädchen war es eine Entspannungszeit und diente dem Abbau von Stress. Durch ein akustisches Signal (Wecker klingeln) wusste es, wann diese Beschäftigung vorbei war und beendet werden musste. Die Pädagoginnen in der Gruppe haben dem Mädchen, so wie die anderen Kinder, den Freiraum gelassen und seine Strategie, zu entspannen, ermöglicht und respektiert, indem sie in diesen Phasen keine Anforderungen stellten. Es zeigte sich, dass sich das Mädchen danach wieder auf Anforderungen und weitere Interaktionsmomente einlassen konnte. Es bekam durch die Rückzugsmöglichkeit neue Energie, um weitere Lernimpulse annehmen zu können.

Die Herausforderung im pädagogischen Alltag ist häufig die, dass einerseits die Bedürfnisse eines Kindes berücksichtigt werden wollen, sich ein Kind andererseits aber an Vorgaben und Begrenzungen von außen anpassen »muss«. Wenn das Kind älter wird und in die Schule geht, muss es gelernt haben, eigene Bedürfnisse aufzuschieben und von außen gestellte Anforderungen zu bewältigen. Bei der Unterstützung autistischer Kinder geht es auch darum, die Aufmerksamkeit zu erlangen, Kontakt- und Interaktionsmomente auszubauen, weil erst im gemeinsamen Handeln Lernmomente stattfinden können, die notwendig für weitere Entwicklungsschritte sind.

Bei dem oben genannten Beispiel könnte eine Erwartung des Umfelds sein, dass das Mädchen sich auch in Freispielsituationen mit anderen Kindern auseinandersetzen kann und soziale Fähigkeiten, die es im Ansatz schon in anderen Situationen zeigen kann, weiter erprobt und erweitert. Es könnte als »verpasste Chance« gesehen werden, weil es eine Möglichkeit gäbe, es aus seinem versunkenen Spiel herauszuholen. Dabei dient das Bauen einem Zweck, den man nach entsprechender Beobachtung erkennen kann: Das Mädchen kommt zur Ruhe und entspannt beim Bauen (bspw. körperliche Anspannung fällt ab und die Körperhaltung wird lockerer). Dies ist eine große Ressource: Das Mädchen scheint eine Zunahme von Anspannung zu bemerken und hat eine Idee, sein Bedürfnis nach Entspannung zu erfüllen. Hilfreich könnte für dieses Kind dann sein, ihm die Auszeit zu lassen und es darin zu stärken – perspektivisch vielleicht zu unterstützen, dass es sein Ruhe-Bedürfnis äußern und besprechen kann. Auch hier gilt es also zu reflektieren: Was ist das Bedürfnis des Kindes, welche Situationen eignen sich besonders, um es zu fördern, und welche Erwartungshaltungen stimmen damit überein? Dabei liegt der Fokus nach wie vor auf dem Verstehen des Verhaltens des Kindes sowie auf der Vermittlung von Sicherheit, damit sich das Kind Stück für Stück auf ein Gegenüber einlassen kann. Dabei sind manchmal kreative Wege und Ideen gefordert, die im Team überlegt, gesammelt und ausprobiert werden können.

3.2 Allgemeine Hinweise für eher schwierige Situationen

Die Anforderungen, die an Kinder in Kindertageseinrichtungen gestellt werden, passieren aus gutem Grund: Beispielsweise durch den Wechsel von Aktivitäten oder Tageselementen werden die Kinder darauf vorbereitet, sich später in der Schule zurecht zu finden und sich z. B. auf einen Stundenplan einstellen zu können. Auch für das spätere Leben sind u. a. dies Fähigkeiten, die auf eine möglichst selbstständige Lebensführung vorbereiten. Die Rahmenbedingungen unterscheiden sich nicht nur von Einrichtung zu Einrichtung, weil unterschiedliche Bausteine konzeptionell verankert sind, sondern es hängt auch von individuellen Präferenzen der Fachkräfte ab.

3.2 Allgemeine Hinweise für eher schwierige Situationen

Selbst kleine Veränderungen im eigenen Verhalten, aber auch der Rahmenbedingungen, können im Umgang mit autistischen Kindern eine große Wirkung haben und für (mehr) Entspannung sorgen. Grundlegend dafür ist die eigene Bereitschaft, etwas zu verändern. Diese Offenheit, andere Wege einzuschlagen, kreative(re) Lösungsansätze zu probieren und auch Abweichungen zu akzeptieren, bringt häufig schon eine erste Entspannung der Situation. So kann man sich bspw. fragen, ob ein autistisches Kind, das sich sehr stark auf Objekte fokussiert und von Reizen schnell überfordert ist, unbedingt am Morgenkreis teilnehmen muss.

Wenn man über diese verständnisvolle Haltung hinaus etwas verändern will, muss man dazu bereit sein, (zumindest ein bisschen) Energie zu investieren. Dabei ist es wichtig, konsequent eine Veränderung umzusetzen. Schließlich benötigt das Kind Zeit, sich daran zu gewöhnen, wenn man etwas gezielt verändert. So kann es feststellen, dass die Änderung verlässlich bestehen bleibt. Neue Dinge können zunächst einen Widerstand auslösen: Etwas ist anders und anders überfordert und macht zunächst unsicher. Erst, wenn das Kind erleben kann, dass die Veränderung oder das Neue bleibt, kann es merken, dass eine Veränderung auch Sicherheit geben kann. Es gilt also dranzubleiben, nicht gleich aufzugeben und manchmal auch bereit zu sein, kreativere Ideen aufzugreifen und umzusetzen.

Dafür sind Gespräche innerhalb des Teams wichtig, um ein einheitliches Handeln abzustimmen, aber auch der Austausch mit den Eltern, sodass gemeinsam überlegt wird, welche konkrete Idee umgesetzt werden kann. Dabei spielt natürlich auch eine Rolle, was bei den vorhandenen Rahmenbedingungen umsetzbar ist. Hier kann die Wunschvorstellung von einer realistischen Umsetzbarkeit abweichen. Ein (berechtigtes) Argument ist, dass etwas aufgrund von mangelndem Personal nicht umsetzbar ist. Dennoch lässt sich i.d.R. auch von einer Wunschvorstellung meist ein kleiner Aspekt umsetzen, der bereits eine große Wirkung erzielen kann. Also erfordert es eine Bereitschaft, etwas zu tun und Energie zu investieren. Erst dann kann man bemerken, dass so eine schrittweise entspanntere Situation entstehen kann.

> Wenn man immer nur an alles denkt, was man nicht umsetzen kann, entgehen Chancen, kleine Möglichkeiten der Erleichterung zu sehen.

> Gleichzeitig ist die eigene Geduld wichtig, die Akzeptanz, dass kleine Schritte für die Umsetzung eines großen Ziels erforderlich sind und auch Rückschritte entstehen können.

Eine häufige Konsequenz beim Auftreten von Schwierigkeiten ist, dass ein Kind abgeholt werden muss, nur stundenweise betreut werden kann oder gar ausgeschlossen wird vom Kita-Alltag, weil »es nicht tragbar ist«. Dies hat jedoch oft zur Folge, dass die ganze Situation noch angespannter wird: Die Eltern sind angespannt, weil es Schwierigkeiten gibt und sie eine eigene Betreuung ermöglichen müssen. In der Einrichtung ist die Atmosphäre angespannt, weil es bereits schwierige Situationen gab und man aus eigener Überforderung oder Hilflosigkeit oder Sorge um andere Kinder oder Konsequenzen keine bessere Lösung parat hatte. Diese Anspannungen übertragen sich dann auch auf das Kind. Dabei wäre es gerade im Kindergartenkontext für die gesamte Entwicklung des Kindes von Vorteil, Fähigkeiten zu erlernen, um sich in Gruppensettings zu integrieren – gerade im Hinblick auf eine Einschulung und die bestehende Schulpflicht. Die Kinder werden schließlich älter und auch größer und stärker und benötigen direkt Unterstützung, wenn es bspw. zu herausfordernden Verhaltensweisen innerhalb der Kindertageseinrichtung kommt, um eine negative Dynamik abzuwenden.

Ein weiterer, wichtiger Aspekt innerhalb einer Einrichtung ist das Ergreifen von Maßnahmen, die Überforderungssituationen der Mitarbeitenden minimieren, sodass eigene Kraftreserven vorhanden sind, um mit schwierigen Situationen entspannter umgehen zu können und Energie zur Verfügung zu haben, sich auf alternative Handlungsansätze einzustellen.

Beispiel: Auswirkungen von Überforderungen

Eine Mutter berichtete im Elterngespräch besorgt, dass die Situation im Kindergarten immer angespannter werde und sie nicht mehr weiter wisse. Ihre Tochter handle seit ein paar Monaten immer herausfordernder, es komme zum Schreien und Hauen. Und nun habe sich die Situation festgefahren: Sie war täglich auf Abruf und bereit, ihr Kind bei entsprechendem Anruf abzuholen. Mit ihren anderen Kindern und ihrem Job war dies eine enorme Herausforderung. Im Kindergarten war bereits einiges passiert und die Situation beschäftigte nicht nur die Bezugsfachkräfte, sondern die gesamte Einrichtung. Da das Mädchen in Überforderungssituationen auch andere Kinder schlug, mehrten sich Beschwerden anderer Eltern, »dass der Kindergarten endlich mal handeln solle«. Einige Fachkräfte selbst hatten Überforderungssituationen erlebt und wurden auch gehauen. Da es »nur mit einem Kollegen klappte«, war dann die erste Lösung der Einrichtung, dass das Mädchen nur in den Kindergarten kommen durfte, wenn dieser Kollege vor Ort unterstützen konnte. Da dieser aber in Teilzeit arbeitete, würde dies für die Mutter bedeuten, noch mehr alternative Betreuungsmöglichkeiten zu aktivieren, die ihr jedoch nicht zu Verfügung standen.

Dies war insgesamt eine sehr ungünstige und angespannte Situation: Die Mutter war überfordert, ihren Job, die weitere Familie und den Stress des flexiblen Abholens oder Organisierens einer alternativen Betreuungsmöglichkeit unter einen Hut zu bringen, und reagierte entsprechend genervt auf die Forderungen des Kindergartens, sah sich diesen aber hilflos ausgesetzt. Im Kindergarten waren die Fachkräfte größtenteils überfordert, weil sie keine Idee hatten, anders mit den Situationen umzugehen. Zwar war immer noch eine Bereitschaft vorhanden, eine gute Lösung zu finden, doch stellte sich auch eine größere Grundanspannung ein, wenn das Kind kam. Manche befürchteten und warteten auf den nächsten Konflikt und sorgten sich um die darauffolgenden Konsequenzen: Wer ruft heute die Mutter an, dass sie ihr Kind abholen muss? Wer besänftigt die anderen Kinder? Wer kümmert sich um die Forderungen/Rückfragen der Eltern der anderen Kinder? Usw.

Das Team hatte die Vorstellung, dass das Kind die herausfordernden Verhaltensweisen ablegen solle, damit es wieder »wie vorher« begleitet werden konnte. Jedoch kann das Kind diese Verhaltensweisen nicht einfach abstellen, ihm stehen keine anderen Strategien zur Verfügung. Lernmomente, um Fähigkeiten zu erweitern und alternative Strategien zu entwickeln, bleiben aus, wenn es keine Möglichkeit dazu gibt. Der Blick des Kindergartens war festgefahren, sodass dieser selbst in eine Art Handlungsunfähigkeit kam.

Solche Konstellationen wie im Beispiel sind keine Seltenheit. Aus der Überforderung des autistischen Kindes, die sich in herausfordernden Verhaltensweisen zeigt, entstehen Überforderungen bei anderen. Diese sind durchaus nachvollziehbar (jedes Verhalten hat einen Grund), aber verfestigen sich immer weiter, wenn keine Lösungsidee besteht. Daher ist es wichtig, möglichst frühzeitig zu handeln, um eine andauernde Überlastungssituation bei allen Beteiligten zu verhindern. Regelmäßige Besprechungen, ein Notfallplan für solche Situationen innerhalb der Einrichtung (▶ Kap. 2.3), frühzeitiges Aufdecken möglicher Gründe für Verhalten und entsprechende Transparenz gegenüber den Erziehungsberechtigten (und andere) wären Maßnahmen, die bei dem oben geschilderten Beispiel nicht passierten und vermutlich Entspannung geschafft hätten. Es ist dabei völlig in Ordnung, wenn man auch als Fachkraft nicht bei jedem Verhalten entspannt bleibt. Die Folge ist, für sich zu sorgen, indem bspw. die Situation nachbesprochen werden kann. Der Aspekt der Selbstfürsorge wird dabei häufig unterschätzt, ist aber entscheidend, damit man wieder entspannt und offen in die nächste Situation gehen kann (zur Selbstfürsorge z. B. Zito & Martin, 2020).

Nachfolgend wird auf mögliche Stolpersteine eingegangen, die autistischen Kindern begegnen können. Dabei sollen einerseits das Verständnis für Barrieren, die existieren, obwohl sie bei Autismus nicht offensichtlich sind, erweitert und andererseits auch konkrete Tipps oder Hilfestellungen beschrieben werden, die bereits eine Erleichterung auf mehreren Ebenen schaffen können. Diese Hinweise sind nicht nur für autistische Kinder hilfreich, auch wenn man davon ausgeht, dass nicht-autistische Kinder eher mit Irritationen umgehen können, weil sie bereits erlernte Fähigkeiten auf neue Kontexte leichter übertragen können, sodass sie handlungsfähig(er) bleiben.

3.2.1 Übergang in die Kita (Eingewöhnung)

Die Eingewöhnung in eine Kindertagesbetreuung kann (nicht nur bei autistischen Kindern) sehr unterschiedlich verlaufen. Wenn bereits bei der Anmeldung des Kindes eine Diagnose vorliegt, können sich die Fachkräfte im Vorfeld vorbereiten und ggf. wichtige Fragen (z. B. zur Nahrungsaufnahme) mit den Eltern klären. Auch kann diskutiert werden, dass eine Fachkraft die Eingewöhnung übernimmt, die bereits Vorwissen über Autismus hat. Ein Grundverständnis über mögliche Barrieren autistischer Kinder kann vorteilhaft sein, um Verhaltensweisen einschätzen zu können. Da es jedoch ein Spektrum ist, äußern sich Verhaltensweise bei Kindern mit Autismus ganz unterschiedlich. Was bei einem anderen Kind bereits funktioniert hat, muss nicht zwingend für dieses Kind mit Autismus funktionieren. Daher stellt eine grundsätzliche Bereitschaft, sich auf die möglicherweise besonderen Bedürfnisse des Kindes einzulassen, eine wichtige Grundlage dar.

Die Eingewöhnung stellt an das Kind und an deren Eltern besondere Anforderungen. Es ist eine grundlegende Veränderung in vielen Bereichen und eine vielleicht ganz neue Situation: viele Kinder, viel Trubel und viele Reize und ggf. das erste Mal in einer Fremdbetreuungssituation. Gerade bei Kindern, die bereits einen Diagnostikprozess durchlaufen haben, fällt es den Eltern teilweise schwer, diese abzugeben. Sie wissen um Besonderheiten und möchten (wie alle Eltern) das Bestmögliche für ihr Kind. In Vorgesprächen und beim Kennenlernen in der Einrichtung können diese Eltern ihr Wissen weitergeben und bspw. erzählen, wie ihr Kind kommuniziert (falls ein Kind noch nicht verbal kommunizieren kann). Dann ist es wichtig, nicht nur dem Kind, sondern auch den Eltern Sicherheit zu vermitteln, Vertrauen aufzubauen und Sorgen und Ängste zu nehmen.

Auch das Kind sucht evtl. erstmal eine Sicherheit in dieser neuen Situation. Bei autistischen Kindern kann sich dies durch die Neigung äußern, sich eher mit Spielmaterialien zu beschäftigen. Diese reagieren vorhersehbar und bieten daher eine Sicherheit – ein eindeutiges Ursache-Wirkung-Prinzip. Dazu können die Kinder wiederkehrende Verhaltensweisen zeigen, bspw. motorisch: mit dem Oberkörper hin- und herwippen. Dies kann regulativ erfolgen, also dem Stressabbau dienen.

Bekanntes Spielzeug kann in einer neuen Situation helfen und den Übergang erleichtern. Möglicherweise kann das Kind auch bevorzugtes Spielzeug von zuhause mitbringen. Es kann sein, dass die Eingewöhnung zunächst unaufgeregt verläuft, das Kind sich direkt dem Spielmaterial widmet und auch die Trennung keine sichtbare Schwierigkeit zeigt. Dann ist es wichtig, nach und nach einen Zugangsweg zum Kind zu finden und

Strukturen zu schaffen, an denen es sich orientieren kann, um auch Anforderungen zu bewältigen und in soziale Interaktion zu treten. Falls das Kind vor allem die Nähe zur Bezugsperson sucht, ist kleinschrittiges Vorgehen notwendig. Dann benötigt das Kind mehr sicherheitsgebende Faktoren, damit es nicht total verunsichert und eine negative Erfahrung sammelt.

Die Eingewöhnung könnte dann bspw. zu Randzeiten erfolgen, zu denen ggf. weniger Kinder vor Ort sind. Dies reduziert die vorhandenen Reize und mögliche Stressoren. Auch könnten Visualisierungen unterstützen, um das Kind auf die neue Situation vorzubereiten. Vor dem Weg in die Einrichtung kann dem Kind bspw. ein Bild vom Kindergarten oder der Bezugsfachkraft gezeigt werden, damit es sich darauf einstellen kann, was es als nächstes erwartet. Dies kann ein Sicherheitsgefühl vermitteln, weil die Situation für das Kind vorhersehbarer wird. Auch vor Ort können dem Kind durch Orientierungshilfen wie Visualisierungs- oder Strukturierungshilfen Hilfestellungen gegeben werden. Ein Timer könnte dem Kind bspw. transparent anzeigen, wie lange die Trennung von den Eltern ist oder wie lange eine bestimmte Aktivität erfolgt (zu Strukturierungs- und Visualisierungshilfen siehe ▶ Kap. 3.6.6).

Da Veränderungen von autistischen Kindern oft schwierig zu bewältigen sind, ist es häufig erforderlich, eine große Geduld zu haben, auch Rückschritte zu akzeptieren und das Tempo einer Eingewöhnung entsprechend anzupassen. Auch innerhalb einer Einrichtung, wenn ein Kind bspw. die Gruppe wechselt oder in den Elementarbereich kommt, kann eine intensivere Anbahnung der Veränderung notwendig sein, sodass bspw. schrittweise die Zeiten in der neuen Gruppe ausgebaut werden.

Kinder mit Autismus können erlernte Strategien nicht automatisch auf ähnliche Situationen übertragen, sodass auch ein vermeintlich kleiner Wechsel in eine andere Gruppe schrittweise vorbereitet und begleitet werden sollte.

Beispiel: Eingewöhnung

Eine Mutter begleitete die Eingewöhnung ihrer fast dreijährigen Tochter. Diese hatte noch keine Diagnose. In U-Untersuchungen fielen dem Kinderarzt Verzögerungen in der allgemeinen Entwicklung auf und er nahm die Sorgen der Mutter zur Kenntnis, dass ihr Kind noch nicht über eine altersangemessene Sprache verfügte. Jedoch wurde zu diesem Zeitpunkt von ärztlicher Sicht kein weiterer Handlungsbedarf gesehen.

Die Mutter kam also mit ihrem Kind, welches direkt in die Bauecke ging und anfing, die Bauklötze aneinanderzureihen. Die Mutter setzte sich daneben, ebenfalls die Erzieherin, die die Eingewöhnung übernommen hatte. Der Erzieherin fiel direkt das Interaktionsverhalten von Mutter und Tochter auf – während sich die Tochter kaum auf Versuche der Kontaktaufnahme bspw. der anderen Kinder reagierte, sich auch nicht rückversichernd zur Mutter wandte, sondern vertieft in ihrem Spiel war, bewegte sich die Mutter viel um das Kind herum, legte weitere Bauklötze bereit, räumte andere Materialien auf. So verlief es mehrere Tage. Die Zeiten wurden verlängert und das Kind ging immer wieder in die Bauecke und vertiefte sich in sein Spiel. Auf andere Angebote reagierte es wenig, bspw. dem Aufruf am Morgenkreis teilzunehmen folgte es nicht. Die Versuche der Mutter, ihre Tochter dorthin zu führen, erzeugten Widerstand. Die Erzieherin spielte einfach mit in der Bauecke.

Sie besprach ihren Eindruck in einer Teambesprechung und es folgten unterschiedliche Ideen und Rückmeldungen. Die einen sahen keine weitere Bedeutung, das Kind bräuchte einfach mehr Zeit – es war davor ja in keiner Kindertageseinrichtung gewesen, sodass es erstmal richtig ankommen müsse. Andere sprachen davon, dass die Mutter sich eher trennen und ermuntert werden solle zu gehen, um zu schauen, wie das Kind reagiert bzw. ob es anders reagiert. Da demnächst aber schon wieder eine andere Eingewöhnung anstand, wurde der Druck groß, etwas zu verändern – schließlich sind weitere Kinder in der Gruppe und sie konnte die zweite Gruppenkraft nicht ewig während der Eingewöhnung mit den anderen quasi alleine lassen. Durch die Besprechung im Team gab es nun ganz unterschiedliche Perspektiven und Ideen für die Situation. Die Erzieherin hatte schon mehrere Eingewöhnungen gemacht, die auch ganz unterschiedlich verlaufen waren, in denen sich die Kinder mal eher, mal langsamer auf die neue Situation einstellen konnten, die elterliche Bezugsperson sich mal leichter und mal schwieriger trennen konnte – daher wusste sie, dass es ganz individuell ist und Bedürfnisse der Kinder und der Eltern berücksichtigt werden müssen.

Hier jedoch sah sie kaum Bewegung oder Veränderung innerhalb der Eingewöhnung und weil es sich ihr nicht erschloss und ganz anders lief als bei bisherigen Eingewöhnungen, entschied sie sich zunächst dafür, direkt auf die Mutter zuzugehen und mit ihr diese Eindrücke in einem gesonderten Gespräch zu besprechen – schließlich kenne sie ihr Kind am besten. Dafür eignete sich kein Gespräch »zwischen Tür und Angel«, sondern benötigte einen ruhigen Rahmen, ohne Kinder nebenbei, die in Hörweite wären (wichtig im Allgemeinen: kein Gespräch über Kinder bei den Kindern) oder die Aufmerksamkeit zwischendurch einforderten. Die Mutter kam also zu dem Gespräch, war anfangs verunsichert und skeptisch, konnte sich dann im Verlauf aber immer mehr öffnen und ihre Gedanken und Sorgen kommunizieren. So wurde deutlich, dass die Mutter sehr gefordert war: Zwar verstünde sie, was ihre Tochter von ihr wollte, jedoch schränkte sie dies sehr ein. Sie war die engste Bezugsperson und ein Verneinen oder Aufschieben von Bedürfnissen lösten herausfordernde Verhaltensweisen aus. Dies strengte an – nicht nur, weil es dann laut wäre und man die Verzweiflung beim Kind sähe, sondern auch, weil sich dann wieder die Nachbarn beschwerten und damit drohten, den Vermieter oder das Amt zu informieren. Also passte sie sich dem Verhalten des Kindes an, was sich eingespielt hatte, ihr aber auch viel Kraft raubte. Sie hatte sich gefreut, als sie den Kita-Platz erhielt, um auch mal geregelte Zeiten z. B. für andere Termine zu haben oder einfach die Wohnung aufzuräumen. Daher wollte sie, dass es klappt, machte sich dennoch Sorgen, dass ihre Tochter nicht verstanden würde oder es zu Schwierigkeiten kommen könnte. Gerade im Vergleich zu anderen Kindern sähe sie noch deutlicher, dass ihre Tochter anders sei, auch wenn alle bisher meinten, dass es noch im Rahmen einer maximal verzögerten Entwicklung sei.

Die Erzieherin hatte einen Rahmen geschaffen, in dem sie recht schnell einen vertrauensvollen Zugang zur Mutter finden konnte. Ihr verständnisvoller Umgang erwies sich als genau richtig, um eine entsprechende Beziehung herzustellen. Dennoch musste gemeinsam überlegt werden, welche Rahmenbedingungen alle Beteiligten (also Kind, Mutter und Einrichtung) brauchten und ob diese miteinander vereinbar waren. Das Kind schien zunächst sichtbar zufrieden, in der Bauecke zu spielen. Dennoch müsste es perspektivisch auch Anforderungen umsetzen lernen – bspw., wenn alle auf das Außengelände gehen, Umsetzung von Essenszeiten oder auch, um den pädagogischen Auftrag in Form von Lernangeboten umzusetzen. Daher müssten ein Zugangsweg gefunden und darauf aufbauend eine Arbeitsmotivation hergestellt werden. Da dies im Gruppenkontext nur in recht kurzen Zeitfenstern umsetzbar war, wurde der Mutter die Kontaktaufnahme zur Frühförderstelle im Ort empfohlen, um eine intensivere Unterstützung zu erhalten. Ebenfalls zur Entlastung bzw. Unterstützung in der Erziehung könnte eine Familienhilfe beantragt werden. So erfolgte eine ausgedehnte Eingewöhnungszeit, in der die Mutter immer mehr entspannen und das Kind auch in kleinen Schritten seine Aufmerksamkeit auf andere Dinge lenken konnte. Auf Anraten der Frühförderstelle und des Kindergartens wandte sich die Mutter mit den geschilderten Beobachtungen an den Kinderarzt. Daraufhin wurde das Kind in einem SPZ vorgestellt und später auch eine Autismus-Spektrum-Störung diagnostiziert.

Oberstes Ziel bei der Eingewöhnung ist es also, Vertrauen und Sicherheit anzubahnen und herzustellen, sodass Kind und Eltern positive Erfahrungen machen und im neuen Setting entspannt ankommen können. Dies ist natürlich für alle Kinder und Eltern relevant. Im Kontext von Autismus lohnt es sich ggf. noch mehr, weil sich Verhaltensweisen anders zeigen können oder Folgeschwierigkeiten aufgrund von Überforderungen anders bewältigt werden können, wenn eine entsprechende vertrauensvolle Beziehungsebene hergestellt wurde.

Diese Aspekte können auch im Laufe der Zeit in der Kindertageseinrichtung wieder relevant werden. Wenn ein autistisches Kind nach längerer Abwesenheit durch Urlaub, Krankheit oder Kur- oder Klinikaufenthalt zurückkehrt, kann es hilfreich sein, eine kleinschrittige Wiedereingliederung zu planen. Das Kind muss sich schließlich wieder umstellen und ggf. wieder an das eigentlich bekannte Setting gewöhnen.

3.2.2 Morgens ankommen

Es kann ganz unterschiedlich sein, wie die Kinder morgens in die Kindertageseinrichtung kommen. Was vorher zuhause passierte, ob es Zeitdruck gab, um rechtzeitig vor Ort zu sein, ob die Nacht unruhig war, ist häufig nicht bekannt. Ein kurzer Austausch mit den Eltern während der Bringzeit klappt nicht immer zuverlässig, weil es eine insgesamt eher trubelige Situation ist, in der man sich z. B. auch verpasst. Selbst wenn es die Gelegenheit für ein kurzes Update gibt und es etwas Relevantes gab, gerät im hektischen Alltag möglicherweise etwas in Vergessenheit, sodass auch bei einem kurzen Austausch für die Einrichtung wichtige Dinge untergehen können. Manchmal vergisst man aus Sicht der Eltern in dem Trubel des Alltags, Dinge weiterzugeben, manchmal bewertet man Situationen, die passiert sind, auch anders und hält es vielleicht nicht für notwendig, diese weiter zu tragen, und manchmal klappt es von Seiten der Kita nicht, weil bspw. gerade in der Bringsituation andere Eltern oder Kinder Anforderungen stellen und so bei der morgendlichen Übergabe kaum Zeit bleibt, sich über Erlebnisse auszutauschen. Gerade bei Kindern, die selbst nicht berichten (können), weiß man dann erst im Kontakt, wie hoch bspw. der Stresslevel schon ist. Aufgrund der ggf. verzögerten Wahrnehmungsverarbeitung können auch Stressoren, die zuhause auftraten, die Stimmung eines autistischen Kindes nachhaltig beeinflussen, sodass die Anspannung steigt, ohne dass ein sichtbarer Faktor erkennbar ist. Entsprechend können Stressoren nicht so einfach zu identifizieren sein, weil man vielleicht gar nicht weiß, was den Stress verstärkt. Womöglich ist morgens zwischen »aufstehen« und »das Kind kommt in der Kita an« bereits so viel passiert, was das Stressniveau des Kindes beeinflusst, dass eine alternative Kommunikationsstruktur hilfreich ist, um über relevante Erlebnisse mehr zu erfahren und so das Kind besser verstehen sowie seine Bedürfnisse einschätzen zu können.

Dies ist in beide Richtungen relevant: morgens beim Bringen die Informationen der Eltern über vorherige Erlebnisse, die eine Anspannung beeinflussen, und beim Abholen von Seiten der Einrichtung, um die Eltern über entsprechende Faktoren zu informieren. Ein persönliches Gespräch ist natürlich die beste Möglichkeit, an die Informationen zu kommen, die man benötigt. Da dies aus verschiedenen Gründen nicht immer klappt (Sprachbarriere, Zeitdruck, vermehrte Anfragen, Personalmangel, usw.), kann mit den Eltern im besten Fall gemeinsam eine Alternative überlegt werden, wie z. B. ein Mitteilungsbuch oder ein geplantes Telefonat nach der Bringzeit o. ä. Auch hier spielt eine vertrauensvolle Beziehungsbasis eine große Rolle – die Eltern können dann eher nachvollziehen, wenn früh morgens wenig Zeit für einen direkten Austausch bleibt. Gerade auch, wenn die Kinder selbst nicht über Erlebtes erzählen (können) oder wenn Sprachbarrieren vorhanden sind, hat sich ein Kommunikationsbuch bewährt. Dies kann sehr gut funktionieren, wenn man es mit den Eltern abgesprochen hat. Dazu muss eine Abstimmung erfolgen, welche Funktion das Buch hat, wofür die Kommunikation wichtig ist und was genau in das Buch geschrieben werden kann. Dann ist es wahrscheinlicher, dass das Buch genutzt wird und eine Unterstützung darstellt.

Bestenfalls weiß man also grundlegend, »wie« (in Bezug auf Anspannung und Stress) das autistische Kind in die Kindertageseinrichtung kommt. Auch das Verhalten und evtl. die Äußerungen des Kindes, das man mittlerweile immer besser kennen gelernt hat, helfen beim Einschätzen, welche Anforderungen an das Kind gestellt werden können oder ob regulierende Angebote sinnvoll sein können. Bei Kindern, die nicht entsprechend verbal kommunizieren können, gibt es neben den unterschiedlichen Verhaltensweisen bspw. körperliche Anzeichen, die man zur Einschätzung wahrnehmen kann.

Es geht auch hier wieder darum, Sicherheit herzustellen: dem Kind bei dem Übergang eine Orientierung zu geben. Manche Kinder mit Autismus profitieren davon, wenn die Bezugsfachkraft verlässlich da ist und sie von dem Elternteil abholt. Gerade in bzw. nach der Eingewöhnung kann dies dabei unterstützen, dass das Kind sich eher auf die neue Situation einlassen und auch entspannen kann. Es macht die Erfahrung: So ist der Ablauf, das gibt mir Sicherheit. Weil dies jedoch, gerade im weiteren Verlauf, durch verschiedene Gründe wie Krankheit, Urlaub, andere Tätigkeiten während der Bringsituation nicht immer möglich sein wird, ist es ebenso wichtig, ein personenungebundenes Vorgehen zu finden, um das Ankommen morgens in der Kindertageseinrichtung zu erleichtern. Hier unterstützt alles, was Sicherheit vermittelt und Vorhersehbarkeit schafft. Die Umsetzung kann ganz individuell sein und von den Interessen und Fähigkeiten des Kindes abhängig sein.

Strategien, die unterstützen können, sind bspw. folgende:

- Ein von zuhause mitgebrachtes Spielzeug oder Kuscheltier kann Sicherheit vermitteln. Dies kann auch ein anderer Gegenstand sein, der dem Kind ist, aber nicht unbedingt als Spielmittel definiert ist (bspw. ein bestimmtes Band, eine Abdeckung o. ä.). In manchen Kindertageseinrichtungen gibt es eine Regel, dass Spielzeug zuhause bleibt oder es konkrete Tage gibt, an denen das Mitbringen eigener Spielsachen erlaubt ist (und nur an diesen). Es kann also sinnvoll sein, eine solche mögliche Regel (»nur an einem Wochentag ist Spielzeugtag«) erstmal aufzuweichen, um dem Kind seinen Anker zu lassen. Perspektivisch kann überlegt werden, wie das Kind lernen kann, sich an diese Regel zu halten. Es kann sich auf die Anforderung eher einlassen, wenn es die Möglichkeit erhalten hat, sich sicher zu fühlen und zu entspannen. Dann kann bspw. ein Parkplatz visuell gestaltet und das Spielzeug morgens als Ritual dort »geparkt« werden o. ä. Die Akzeptanz der anderen Kinder ist meist sehr hoch – gerade, wenn man kindgerecht thematisiert, dass jeder individuell ist und eigene Bedürfnisse hat (siehe Aufklärung der anderen Kinder, ▶ Kap. 3.3).
- Auch ein beliebtes Spielzeug, das nur in der Einrichtung verfügbar ist, aber das Kind besonders motiviert, kann den Einstieg in den Kita-Tag erleichtern. Dies gäbe eine Motivation und einen immer gleichbleibenden Ablauf, den das Kind auch mit personalem Wechsel einhalten kann. Gerade in einer eher chaotischen Bringsituation verschafft dies dem Kind eine Struktur und Orientierung, weil es weiß, was es in dieser »Freispielzeit« machen kann.
- Ebenfalls können Visualisierungen helfen, also z. B. Bilder oder Piktogramme, um für das Kind nachvollziehbarer zu gestalten: Was kommt als nächstes? Was ist gerade eine mögliche Aufgabe? So könnten Eltern dem Kind zuhause vor dem Losgehen ein Bild vom Kindergarten zeigen, damit das Kind eine Orientierungshilfe hat.
- In der Kindertageseinrichtung könnte es ein System geben, das anzeigt, wer da ist (und wer nicht), z. B. mit Bildkarten, die zu den Gruppensymbolen geklettet werden oder zu einem Haus (wenn jemand nicht vor Ort ist, sondern »zuhause«). So erhält das Kind eine Übersicht, wer ansprechbar ist. Das kann Sicherheit vermitteln.

- Auch die Tageselemente könnten visuell nachvollziehbar gestaltet sein. Ein Tages- oder Ablaufplan gibt eine Orientierung, was das Kind erwartet und welche Anforderungen gestellt werden. Als Ritual könnte dies gemeinsam besprochen werden. Dies ist gerade dann eine hilfreiche Unterstützung, wenn es dem Kind schwerfällt, sich auf Veränderungen des Ablaufs einzulassen. Mithilfe von Visualisierungen können auch Übergänge erleichtert werden, wenn das Kind z.B. innerhalb des Kindergartenbesuchs zu einer Therapie abgeholt wird o.ä.

3.2.3 Essenssituation

Essenssituationen werden in einer Kindertageseinrichtung ganz unterschiedlich gestaltet: In einer Einrichtung wird bspw. Frühstück mitgebracht, in einer anderen wird etwas angeboten, in einer wird gemeinsam ritualisiert gegessen, andere haben festgelegte Zeiten, zu denen die Kinder im Rahmen eines Buffets essen können. Manche haben zum Mittag ein Gericht, andere können auswählen und dann gibt es nachmittags häufig noch eine Snackzeit. Alle Vorgehensweisen haben ihre Berechtigung und ihre Vor- und Nachteile und somit auch gewisse Herausforderungen, nicht nur für autistische Kinder.

Beispielhafte Schwierigkeiten könnten sein (weiterführend z.B. Ernsperger & Stegen-Hanson, 2004):

- Das autistische Kind merkt nicht, dass es hungrig ist und/oder kann dieses Bedürfnis nicht mitteilen, sodass es nicht selbstständig zum Essen geht.
- Es spürt kein Völlegefühl, sodass es ununterbrochen weiter essen würde, bis die Speise aufgegessen ist. Es kommt auch vor, dass das Kind das Essen nicht selbst einteilen kann oder bedenken kann, dass mehrere Kinder davon essen. Es isst, bis die Schüssel leer ist, und handelt nach dem Gedanken: Wenn die Schüssel leer ist, dann ist das Essen fertig.
- Das Kind mit Autismus weiß nicht oder traut sich nicht, sich nachzunehmen, und isst wenig(er).

- Das autistische Kind isst nur sehr ausgewählte Speisen. Viele autistische Menschen haben auch aufgrund der autismusspezifischen Wahrnehmungsverarbeitung ein einseitiges Essverhalten. Die Nahrung wird als zu heiß empfunden, die Konsistenz, der Geruch oder der Geschmack als zu intensiv oder unangenehm wahrgenommen, sodass einige Lebensmittel vermieden werden. Irgendetwas isst das Kind i. d. R., sodass man auf das Essen, das klappt und das die Eltern ggf. mitgeben, erst einmal zurückgreifen kann. Schrittweise kann bspw. überlegt werden, welche Konsistenzen das Kind bevorzugt, darauf basierend können ähnliche Nahrungsmittel angeboten werden, die eine ähnliche Beschaffenheit haben, ähnlich temperiert sind oder ähnlich aussehen. Auch kann das Kind in den Zubereitungsprozess involviert werden, um eine Motivation zu erhöhen. Manchmal reicht es auch schon aus, wenn die Nahrung anders auf dem Teller verteilt wird, bspw. die Soße neben den Nudeln angereicht wird, anstatt sie direkt zu vermischen. Auch hier gilt es, kreative Ideen auszuprobieren. Alles, was das Kind (mehr) isst, ist dann erst einmal ein Erfolg. Kleine Schritte sind auch Fortschritte, Druck hingegen schafft Unsicherheit und erhöht eher eine Abwehr. Trotz der Sorge, dass das Kind nicht genug oder gesund genug isst, wäre es kontraproduktiv zu versuchen, es darauf zu drängen, etwas anderes zu essen. Die Familie ist vorher zurechtgekommen und hat sicher einiges ausprobiert, wenn das Kind sehr wählerisches Essverhalten zeigt. Daher wird das Kind vermutlich nicht von heute auf morgen sein Essverhalten komplett umstellen – auch dann, wenn manchmal die Umgebungsfaktoren einen Unterschied machen. Häufig probieren Kinder in einer Kindertageseinrichtung eher neue Dinge aus, weil unterschiedliche Gerichte auf dem Speiseplan stehen und sie die anderen Kinder beobachten. Es ist kein eingespieltes Setting, sondern eine neue Situation, sodass ein Anbieten von verschiedenen Lebensmitteln durchaus sinnvoll ist. Bei einer abwehrenden Reaktion sollte eine Alternative vorhanden sein bzw. ein Umgang mit dem Verhalten abgestimmt werden, sodass alle Fachkräfte derselben Kindertageseinrichtung mindestens ähnlich reagieren.
- Das Kind wartet nicht, bis alle Kinder sitzen, sondern fängt direkt an zu essen und steht auf, wenn es fertig ist. Im Grunde genommen hat das Kind dann schon verstanden, dass es eine Essenssituation gibt und wie

sie abläuft, weil es sich im Ansatz auf die Anforderung einstellen kann. Eine Wartesituation (also warten, bis es losgeht oder bis alle fertig sind) ist für autistische Kinder eher schwierig. Sie ist unübersichtlich, sodass oft nicht klar ist, warum gewartet wird und wie lange es dauert. Die Kinder verhalten sich dann bedürfnisorientiert und können das Bedürfnis, zu essen, nicht aufschieben. Die Regel, zu warten, bis bspw. alle sitzen, kann noch nicht umgesetzt werden. Hier gäbe es verschiedene Anknüpfungspunkte: die Wartesituation zu strukturieren, bspw. ein kurzes Fingerspiel anleiten oder Lied zur Überbrückung anbieten, eine Sanduhr als Orientierungshilfe hinstellen, wie lange es dauert, bis es losgeht, oder ein akustisches Signal einführen, dass immer bspw. geläutet wird, wenn das Essen losgehen kann. Dann ist der Start-Zeitpunkt vorhersehbarer und klarer nachzuvollziehen. Das Kind kann sich eher darauf einlassen (wenn die Maßnahme zuverlässig angeboten bleibt oder nachvollziehbar ist, worauf es warten muss).

- Das Kind kommt überhaupt nicht zur Ruhe und lässt sich nicht auf den Gang zum Essbereich ein. Eine Essenssituation ist häufig eher chaotisch und viele Reize sind vorhanden: die Geräusche, die beim Essen entstehen, die Gespräche der anderen Kinder, das Klappern von Geschirr, dann gibt es noch Essensgerüche, die auf das Kind einwirken, usw. Auch hier kann überlegt werden: Gibt es Faktoren, die man übersichtlicher gestalten kann? Welche Begleitung ist notwendig, damit sich das Kind auf diese Situation einlassen kann? Weiß das Kind, was gerade dran ist? Ist es übersichtlich für das Kind? Ist es auf einem andern Sitzplatz, der bspw. wenige bis keine Geräuschauslöser im Rücken bietet, anders? Kann das Kind vielleicht an einem reizärmeren Ort essen?
- Es gibt auch andere nicht-autismusspezifische Gründe, warum die Essenssituation schwierig sein kann. Dann sollte man sich fragen, ob entsprechende Fähigkeiten, die ein Kind zur selbstständigen Nahrungsaufnahme benötigt, vorhanden sind (z. B. Augen-Hände-Koordination, feinmotorische Fertigkeiten, um mit Besteck umzugehen usw., vgl. z. B. Girsberger, 2023).

Da die Eltern bereits daran gewohnt sind, weil sie tagtäglich auf die besonderen Bedürfnisse ihres Kindes eingehen, damit es überhaupt Nahrung zu sich nimmt, erleben sie es manchmal nicht mehr als Besonderheit, dass ihr Kind bspw. nur sehr ausgewählte Lebensmittel zu sich nimmt. Daher ist es sinnvoll, sie bei einem Aufnahmegespräch danach zu fragen, um Unsicherheiten im Umgang damit im Vorfeld zu klären.

> Die Essenssituationen ist häufig sehr unübersichtlich, sodass es autistischen Kindern hilft, wenn diese strukturierter und vorhersehbarer gestaltet sind. Sie profitieren davon, wenn diese soziale Situation im Vorfeld besprochen wird und Regeln oder Abläufe auch visuell dargestellt werden. Dann sind die Informationen nachhaltig abrufbar und besser verständlich, als wenn sie nur verbal mitgeteilt werden. Auch die Reflexion eigener Erwartungen und die realistische Einschätzung der Umsetzung ist wichtig.

Häufig setzt man sich unter Druck, weil man schwer aushalten kann, wenn das Kind einen Tag lang mal gar nichts oder sehr wenig zu sich nimmt.[34] Die Zielsetzung, vieles umzusetzen und anzubieten, verstärkt den eigenen Druck. Oft hilft auch hier eine entspannte und akzeptierende Grundhaltung, um im ersten Moment ein Verständnis zu entwickeln, warum das Kind sich so verhält. Um entsprechend gelassen zu reagieren, ist der regelmäßige Austausch mit den Eltern von Bedeutung. Auch hier ist es manchmal notwendig, dass Erwartungshaltungen überprüft und abgestimmt werden.

In Zusammenhang mit Essenssituationen kann es auch zu Schwierigkeiten beim Händewaschen kommen. Der gemeinsame Gang zum Waschraum kann für Kinder mit Autismus schwierig sein, weil es eine trubelige und unübersichtliche Situation ist. Zudem können aufgrund einer autismusspezifischen Wahrnehmungsverarbeitung die Gerüche dort als besonders intensiv empfunden werden, das Licht als zu grell und die Seife oder das Wasser als unangenehm auf der Haut. Eine tiefergehende Erklärung hinter abwehrendem Verhalten ist auch hier wahrscheinlich. Bei vorliegenden Schwierigkeiten sollte hinterfragt werden, was eine Ursache sein kann: Ist es anders, wenn das Kind alleine zum Waschraum geht oder

---

34 Hier gilt es natürlich zu beachten, wie der Gesamternährungszustand des Kindes ist, und ggf. auch an eine:n Ärzt:in zu verweisen.

eine andere Seife vorhanden ist, was berichten die Eltern von Situationen zuhause usw.

In Bezug auf die Nahrungsaufnahme kursieren ebenfalls einige Ideen im Internet. Diese reichen von Kuren, dem Verzicht auf bestimmte Inhaltsstoffe bis zur Vermeidung von Lebensmittelarten usw. Viele Eltern sind verunsichert und lassen sich von Berichten blenden, dass ein Kind bei bspw. Verzicht auf Gluten keine herausfordernden Verhaltensweisen mehr zeigt.[35] Es ist bei der Flut an Informationen im Internet schwierig, seriöse von unseriösen Quellen zu trennen, und der Wunsch von Eltern, alles auszuprobieren, was sie tun können, ist gerade im Kindesalter sehr nachvollziehbar. Wenn sich Eltern an die Kindertageseinrichtung mit einem Wunsch der Umsetzung einer spezifischen Ernährung wenden, gilt es also auch, dies aufzunehmen und zu hinterfragen: Gibt es konkrete Gründe, bspw. den Verdacht auf mögliche Unverträglichkeiten, für eine bestimmte Ernährung oder steckt vielleicht mehr dahinter – wie z. B. die Hoffnung, dass »der Autismus doch weggehen könnte«?

Autistische Kinder können auch Unverträglichkeiten haben, sodass eine medizinische Unterstützung bei einem Verdacht sinnvoll ist. Bei manchen Ideen muss man allerdings auch besonders hellhörig werden – dann, wenn es Extreme sind und das Kind bspw. ausschließlich ein zusammengebrautes »Wundermittel« erhält.

3.2.4 Freispiel

Ob während der Bringzeit oder zwischendurch ist Freispielzeit nicht nur organisatorisch bedingt, sondern auch wichtig für die kindliche Entwicklung. Im Freispiel ist Zeit und Raum, damit ein Kind eigene Ideen umsetzt und seine Bedürfnisse erfüllt. Es ist ein Raum, kreativ zu handeln und eigene Interessen zu erfahren und zu erweitern. Außerdem ist es ein Lernfeld für soziale Interaktionen. Wenn man mit anderen Kindern zusammen oder parallel spielt, müssen Absprachen getroffen und eingehal-

---

35 Natürlich können auch Menschen mit Autismus Unverträglichkeiten oder andere Ernährungsbesonderheiten haben. Dies ist hiermit allerdings nicht gemeint.

ten, Bedürfnisse aufeinander eingestellt, Kompromisse gefunden werden und vieles mehr (zur Relevanz des kindlichen Spiels vgl. z. B. Höke, 2011). Da es eine sehr freie Situation ist, kann sie allerdings sehr (über)fordernd für autistische Kinder sein. Manche beschäftigen sich mit den gleichen Materialien und haben sich einen wiederholenden und gleichbleibenden Handlungsablauf gesucht, den sie immer wieder umsetzen. Schwierig wird es dann, wenn dieses Spielmaterial besetzt ist oder andere Kinder auch damit spielen wollen. Dann kann es zum Rückzug des autistischen Kindes kommen oder Streit und herausfordernde Verhaltensweisen können entstehen.

Manche Kinder wissen auch nicht, was sie in Freispielsituationen überhaupt machen können. Sie suchen sich nichts eigenes, sondern »stören« andere Kinder im Spiel, weil sie nicht wissen, wie sie auf eine akzeptierte Art und Weise in einen positiven Kontakt treten können. Der Kontakt zu Erwachsenen kann bevorzugt gesucht werden: Erwachsene sind zuverlässigere Spielpartner:innen und geben häufig nach, wollen bspw. nicht als Erstes in einem Spiel würfeln, sondern stellen sich auf die Bedürfnisse des Kindes ein.

Grundsätzlich kann man also fragen, ob das autistische Kind innerhalb der Freispielsituation ausreichend Sicherheit hat oder wie diese erweitert werden kann. Weiß das Kind, was es machen kann, wo es sich aufhalten soll und wie lange die Freispielphase dauert? Die Zeit könnte mithilfe eines Timers oder einer Sanduhr verdeutlicht werden. Grundlegende soziale Fähigkeiten wie Teilen oder Abgeben oder das Zurückstellen von Bedürfnissen sind häufig nicht altersentsprechend entwickelt, sodass autistische Kinder diese Fähigkeiten erst erlernen müssen. Wenn sie jedoch immer wieder negative Erfahrungen machen, weil sie zurückgewiesen werden, Missverständnisse nicht aufgeklärt werden oder sie die Situation nicht verstehen, wächst die Unsicherheit in sozialen Situationen. Gehäufte Misserfolgserfahrungen führen dann eher dazu, dass sie von sich aus wenig bis gar nicht in den Kontakt gehen, um eine weitere negative Situation zu vermeiden. Da dies auch hohen Stress bedeutet, kann herausforderndes Verhalten entstehen, um die Kontrolle über die Situation zu behalten. In sozialen Situationen benötigen autistische Kinder bei Schwierigkeiten Übersetzungsleistungen durch Erwachsene. Bedürfnisse oder Absichten anderer Kinder können dann benannt und konkrete Lösungsideen gemeinsam besprochen werden. Dies kann auch durch Bildergeschichten oder einfache Rollenspiele angeleitet werden, um so Handlungsideen zu entwickeln und zu erweitern.[36]

Beispiel: Freispiel

Ein autistischer Junge spielte während der Freispielzeit gerne mit Bausteinen. Es gab eine zeitliche Strukturierungshilfe: Eine Küchenuhr zeigte die restliche Zeit an und das akustische Signal, wenn dieser Wecker abgelaufen war, signalisierte die Aufräumzeit. Auch andere Kinder spielten in dieser Bauecke mit anderen Bausteinen. Als der Wecker klingelte, fing der Junge an aufzuräumen – so hatte er es gelernt. Die anderen Kinder in der Bauecke hatten vor dem Wecker-Klingeln gefragt, ob sie noch ein Bauwerk zu Ende bauen und es bis zum nächsten Tag stehen lassen dürfen. Die Erzieherin hatte es erlaubt. Das ging durch die laute Geräuschkulisse im Freispiel bei dem autistischen Jungen unter. Er war auf sein Handeln konzentriert. Er räumte also zunächst sein Gebautes auf und fing dann auch an, das Gebaute der anderen Kinder aufzuräumen. Er stieß damit aber auf großes Unverständnis. Für den Jungen nicht nachvollziehbar: Er hatte schließlich nur mithelfen wollen und verstand nicht, dass die anderen Kinder so negativ reagierten. Er beharrte darauf, dass schließlich Aufräumzeit sei und auch diese Bausteine eingeräumt werden müssen. So ist es schließlich immer und die Regel.

Die Erzieherin kam dann dazu und übersetzte die Situation für alle Beteiligten: Die anderen Kinder waren davon ausgegangen, dass der Junge, der direkt neben ihnen baute, die Ausnahmeregelung ebenfalls gehört und verstanden hatte – durch sein Verhalten fühlten sie sich angegriffen und provoziert. Der Junge hatte jedoch nichts mitbekom-

---

36 Bspw. im Sinne einer SocialStory (vgl. Gray, 2014): Einfache Abläufe, Regeln oder Zusammenhänge könnten im Rahmen einer Geschichte und unter dem Einsatz von Bildern/Piktogrammen (Visualisierungen) altersentsprechend erklärt werden, sodass sie nachvollziehbar(er) werden.

men und ihm fiel es schwer, diese Ausnahme zu akzeptieren. Um diese Situation ein nächstes Mal übersichtlicher zu gestalten, wurden zwei Dinge besprochen: zum einen der Grundsatz, dass, wenn Gebautes stehen bleiben soll, es Ausnahmen geben kann, sofern es die Fachkraft erlaubt. Diese Option hatte es für das autistische Kind bisher nicht gegeben und musste ihm erst noch erklärt werden. Zum anderen wurde, wenn etwas stehen bleiben darf, mit Krepp-Band der Bereich optisch abgegrenzt, um anderen Kindern zu signalisieren, dass dies ein anderer Bereich ist, für den ggf. andere Regeln gelten. Daraufhin konnte der autistische Junge mit den zukünftigen Situationen entspannter umgehen.

Die Voraussetzungen sind natürlich in jeder Einrichtung anders: Während manche einzelne Funktionsräume haben, die ausschließlich für eine Beschäftigung zur Verfügung stehen (z. B. ein Atelier oder ein Bewegungsraum oder ein Bauraum usw.), haben andere dennoch die Möglichkeit, für eine klarere Strukturierung zu sorgen, bspw. durch Teppiche oder Raumteiler. Auch Ecken oder Materialien, die gesperrt sind, können durch visuelle Hinweise markiert werden (z. B. Stopp-Schild). Das unterstützt die Übersichtlichkeit und vermittelt Sicherheit.

3.2.5 Kreisgestaltung

Ein Kreis gehört in vielen Einrichtungen als fester Bestandteil im Ablauf dazu. Neben Elementen der Früherziehung, die von »welcher Tag ist heute« über saisonale Feste bis hin zu Sing- und Klatschspielen reichen, ist hier auch ein Rahmen, in dem Aktivitäten besprochen, Geburtstage gefeiert werden und vieles mehr, das ein Gruppengefühl stärkt. Für Kinder mit Autismus ist dies häufig eine sehr fordernde Situation. Viele können die Anforderung, möglichst ruhig im Kreis zu sitzen und an sie gestellte Anforderungen nicht erfüllen (bspw. ihren Namen im Zuge einer Anwesenheitsnachfrage zu nennen). Sie setzen sich erst gar nicht hin oder stehen nach kurzer Zeit wieder auf, laufen herum, lautieren oder laufen weg. Dieses Verhalten kann als störend empfunden werden, da bspw. eine zusätzliche Geräuschkulisse entsteht, man unterbrochen wird oder die an-

3.2 Allgemeine Hinweise für eher schwierige Situationen

deren Kinder auf diese Unruhe selbst angespannter reagieren und ebenfalls unruhig werden. Die Frage ist dann, ob die Anforderung realistisch ist, dass das autistische Kind »wie die anderen Kinder auch« mitmacht. An dem Gedanken wird oft festgehalten – auch aus sehr nachvollziehbaren Gründen: Kein Kind soll ausgeschlossen sein, alle Kinder sind Teil dieser Gruppe; auch Gedanken wie »das muss das Kind schließlich lernen, weil es irgendwann auch in die Schule kommt« sind berechtigt und transportieren letztlich die Sorge, dem Kind Teilhabechancen zu verwehren, wenn es nicht am gemeinsamen Kreis teilnimmt.

Dabei kann eine Kreissituation für autistische Kinder sehr chaotisch sein: Sie müssen ihr vorheriges Spiel unterbrechen, bekommen evtl. nicht mit, dass Aufräumzeit war und sie in den Kreis kommen sollen, sie wissen nicht, wo sie sitzen können, alles ist hektisch und laut und die Aufgabe (was soll ich gerade machen?) ist nicht nachvollziehbar. Die Umsetzung erscheint dann als unrealistisch, wenn grundlegende Fähigkeiten noch nicht entsprechend entwickelt sind. Man kann sich dazu die Frage stellen: Für wen ist die Teilnahme am Kreis wichtig und bringt das Kind bereits die entsprechenden Fähigkeiten mit, die es dazu benötigt? Wenn man von seiner Idee abweicht und zulässt, dass sich das Kind mit einer Alternative beschäftigen kann, kann es für alle entspannter sein. Für das Kind, weil es eine stressige Situation weniger hat, für die Fachkräfte, weil sie nicht immer wieder unterbrechen müssen, um dieses Kind zurück in den Kreis zu führen, und dann auch für die anderen Kinder. Das bedeutet nicht, dass ein Kind mit Autismus ausgeschlossen werden soll. Es bedeutet nur, dass eine Akzeptanz sinnvoll ist, sich die Situation und die individuellen Fähigkeiten und Bedürfnisse des Kindes anzuschauen und zu überlegen, welche Zielsetzung realistisch ist. Auch, wenn es grundsätzlich von der Teilnahme profitieren kann, aber es Tage gibt, an denen es nur kurz möglich ist, kann man von den eigenen Vorstellungen abweichen und die gestellte Anforderung variieren. Dann kann man überlegen, warum es dem Kind noch nicht möglich ist, eine Kreissituation auszuhalten, und Schritt für Schritt Angebote machen, damit das autistische Kind Fähigkeiten erweitern, um die Situation perspektivisch zu schaffen.

> Die Zielsetzungen müssen also ggf. angepasst werden und mit zum Teil großer Geduld Zwischenschritte überlegt werden. Auch bei personeller Enge kann im Vorfeld eine alternative Beschäftigung überlegt werden, die dem autistischen Kind angeboten werden kann, wenn es nicht dabei bleiben kann, um dennoch die Aufsichtspflicht zu erfüllen (bspw. malen, kreiseln, usw.). Auch kann eine eigene Flexibilität für Entspannung sorgen, sodass in bestimmten Situationen bzw. an bestimmten Tagen der Verzicht auf einen Kreis entspannter sein kann.

Gleichbleibende Rituale wie dasselbe Lied zum Aufräumen vor dem Kreis oder wiederkehrende Strukturen bzw. Abfolgen können es für autistische Kinder einfacher machen, sich auf die Anforderung einzulassen. So geben gleichbleibende Abläufe Sicherheit und eine Orientierung.

Beispiel: Eigene Flexibilität ermöglicht Alternativen

Ein Junge mit Autismus lief während des Kreises im Raum hin und her, lehnte Angebote des Erziehers, mitzukommen, verbal ab. An vielen Tagen klappte dies, weil der Junge nicht weiter »störte« und der Erzieher den Eindruck hatte, auch wenn er nicht bei den anderen Kindern saß, bekomme er die Inhalte auditiv mit. Die anderen Kinder störten sich auch nicht weiter daran, weil es anfangs besprochen wurde: Manche Kinder können schon sitzen und zuhören und andere lernen es noch.

An manchen Tagen jedoch lief der Junge nicht nur hin und her, sondern lautierte auch in unterschiedlichen Lautstärken, sodass es für den Erzieher immer fordernder war, »sein Programm« durchzuziehen. Da die Temperaturen dies bereits zuließen, beschloss er, den Kreis später am Tag auf dem Außengelände anzubieten. Der autistische Junge spielte dann im Sand mit seiner Lieblingsschaufel und versank so im Spiel, dass er sich ruhig ausdauernd beschäftigen konnte. Die anderen Kinder setzten sich einfach so in einen Kreis, dass er dennoch dabei war und zuhören konnte. Für den Erzieher war dies eine große Erleichterung, weil er entspannter seine Angebote umsetzen konnte. Nach und nach konnte der Junge einzelne Elemente mitmachen und seine Aufmerksamkeit auf die Inhalte richten, besonders bei Klatschspielen.

Hilfreich kann es also sein zu überlegen, welche Faktoren oder Rahmenbedingungen den Stress bei allen Beteiligten erhöhen. Sich vorzustellen, was zusammen kommen muss, damit es so gar nicht funktioniert, kann helfen, um stressverstärkende Faktoren zu identifizieren und sich diese bewusst zu machen. Dann kann man überlegen, ob oder welche Rahmenbedingungen verändert, abgemildert oder ausgeschaltet werden können, um die Situation für alle entspannter zu gestalten. Grundsätzlich kann und sollte überlegt werden, wie ein Kreis gestaltet werden kann, bei dem alle Kinder mitmachen und teilhaben können.

3.2.6 Ausflüge

Ob der Spaziergang ins nächstgelegene Waldstück oder die gemeinsame Busfahrt zu einem Bauernhof – Ausflüge gehören zum Alltag einer Kindertagesstätte dazu. Dennoch sind Ausflüge besonders fordernd, da durch den Bruch mit der vertrauten Routine in der Kita mehrere Verhaltensweisen auftreten können, die in fremder Umgebung nicht immer überschaubar sind oder sicher bewältigt werden können.

Zunächst gibt es die Garderoben-Situation, wenn der Ausflug von der Einrichtung aus gestartet wird. Unabhängig vom Ziel kann die Anzieh-Situation, bspw. auch vor dem Spiel auf dem eigenen Außengelände, Herausforderungen für ein autistisches Kind mit sich bringen. Es ist schnell laut und unübersichtlich und ggf. nicht nachvollziehbar, was gerade gefordert ist. Ein Kind mit Autismus kann davon profitieren, früher oder später in die Garderobe geschickt zu werden, wenn es dort ruhiger ist. Abläufe können vorhersehbar gestaltet werden, indem bspw. vorher konkret abgesprochen ist, was wartende Kinder machen, wenn es zu einer Warte-Situation kommt. Kinder, die bereits fertig angezogen sind, können dazu angeleitet werden, anderen Kinder Hilfe anzubieten. Oder ein vorher definierter Ort wird zum Wartebereich, ggf. mit Kennzeichnung/Visualisierung zur Orientierung. Manche autistischen Kinder haben Schwierigkeiten mit der zum Wetter passenden Kleiderwahl oder mit der Entscheidung, in welcher Reihenfolge die Kleidungsstücke anzuziehen sind. Sie können dann von einer strukturierten Anleitung profitieren. Diese kann durch Bilder oder durch einen Anzieh-Plan gegeben werden, um personelle Ressourcen zu schonen und die Selbstständigkeit des Kindes zu fördern. Beispielsweise kann in der Gruppe vorher gemeinsam besprochen werden, wie das Wetter ist und welche Kleidungsstücke dazu passen. Davon könnte es Bildkarten geben, die für alle sichtbar an eine Tafel geklettet oder per Magnet festgemacht werden, um den Kindern eine Orientierungshilfe zu geben.

Manchmal sind herausfordernde Verhaltensweisen eines autistischen Kindes im Gruppenalltag bereits aufgetreten, sodass Sorgen existieren, dass diese unter Ausflugsbedingungen nicht gelöst werden könnten. Eine Weglauftendenz erfordert eine intensive Betreuung und bedeutet dann eine extreme Anspannung bei den Fachkräften, was bspw. Waldtage kaum bis nicht umsetzbar macht. Auch ein herabgesetztes Gefahrenbewusstsein oder ein fehlendes Verständnis von Regeln oder Begrenzungen können Spaziergänge an einer Straße schnell gefährlich machen. Idealerweise gibt es entsprechende Ideen und Angebote, sodass bei den Ausflügen alle Kinder teilnehmen und teilhaben können. Durch unterschiedliche Rahmenbedingungen ist die Durchführung eines Ausflugs, bei dem alle Kinder unabhängig von ihren Fähigkeiten und Herausforderungen teilnehmen können, jedoch in der aktuellen Realität erschwert. Schon eine ungewisse Personalkonstellation kann dann Auswirkungen haben. So entscheiden sich Fachkräfte entweder gegen den Ausflug, weil das Risiko zu hoch erscheint, oder schließen das Kind von der Aktivität aus. Auch Zwischenlösungen wie die Begleitung durch eine enge Bezugsperson des autistischen Kindes, damit das Kind mitkommen kann, werden dann überlegt. Das ist häufig familiär bedingt nicht möglich, sodass es hier auch zum Ausschluss kommt.

Eine realistische Einschätzung der Situation ist sinnvoll, damit alle Beteiligten möglichst entspannt bleiben und ein positives Erlebnis haben können. Eine Absprache mit den Eltern, welche Erfahrungen sie bei Ausflügen gemacht haben, ist dabei wichtig. So kann es sein, dass ein autistisches Kind andere Verhaltensweisen in anderen Kontexten zeigt. Es können Ängste vorhanden sein, die im Alltag nicht zum Vorschein kommen, weil sie dort nicht relevant sind.[37]

---

37 Weiterführend zu Ausflügen siehe bspw. Girsberger, 2023.

Beispiel: Verhalten in unterschiedlichen Kontexten

Ein autistischer Junge war zum einen fasziniert von der Toilettenspülung: Wenn er im Waschraum war, spülte er mehrfach hintereinander und konnte kaum damit aufhören. Zum anderen berichteten die Eltern von einer Angst: Gerade in fremder Umgebung machte er einen großen Bogen um die Toiletten und vermied sie, sodass er unterwegs keine Toilette nutzen konnte. Wenn er dennoch musste, wuchs seine Verzweiflung. Dies schränkte die Eltern sehr stark ein, weil so nur kurze Ausflüge möglich waren.

Gemeinsam mit den Eltern können Ideen überlegt werden: Wie schätzen die Eltern die Planung ein? Welche Erfahrungen haben sie bei Ausflügen gemacht? Welche Gefahren sehen die Eltern? Wie könnte die Planung umgesetzt werden, damit das Kind ein positives Erlebnis hat? Was können die Fachkräfte machen, wenn es nicht klappt (Notfallplan überlegen bzw. vorhandenen Notfallplan anpassen)? Wie können die Eltern den Ausflug vorbereiten und so ggf. den Ort vorher besuchen, damit der Ort vertrauter ist für das Kind? Was kann dem Kind Sicherheit vermitteln, wenn es angespannter wird? Eine entsprechende Planung und Vorbereitung bietet nicht nur mehr Sicherheit für das autistische Kind, sondern sorgt gleichzeitig dafür, dass auch die Fachkräfte entspannter bleiben können – auch, wenn etwas nicht so wie geplant funktioniert.

3.2.7 Sauberkeitserziehung

Wenn Schwierigkeiten oder Verzögerungen in der Sauberkeitserziehung bemerkt werden, muss überlegt werden, welche Gründe es geben könnte. Zugrunde liegende physiologische Funktionsstörungen müssen bei entsprechender Einschränkung medizinisch abgeklärt werden. Es gibt allerdings auch problembehaftete Verhaltensweisen, die aufgrund einer autismusspezifischen Wahrnehmungsverarbeitung erklärt werden und ganz unterschiedlich gelagert sein können (vgl. Batts, 2010).

So könnte das Geruchsempfinden oder das Gefühl auf der Haut als sehr unangenehm wahrgenommen werden, sodass Windeln abgewehrt oder direkt ausgezogen werden, sobald der Stuhlgang abgeschlossen ist. Das Kind kann es dann nicht aushalten, sie länger zu tragen. Dies kann in manchen Situationen Irritationen beim Umfeld auslösen. Wenn dann die Regelung durchgesetzt wird, dass die Windel angezogen bleibt, kann es zu einer großen Frustsituation kommen. Der Druck durch außenstehende Menschen ist gerade bei den Eltern sehr hoch, weil sowohl das Ausziehen als auch eine Gegenwehr des Kindes diese in eine unangenehme Situation bringen. Auch in einer Kindertageseinrichtung können diese Verhaltensweisen irritieren, und zwar dann, wenn das Kind keine Windel akzeptiert. Um die Bereitschaft zu erhöhen, könnte eine angenehmer zu tragende Windel gesucht werden. Manchmal gibt es weniger Schwierigkeiten mit Windeln eines anderen Herstellers oder anderer Größe. Auch Windelhosen können eine Entspannung bringen. Es kann durchaus sinnvoll sein, Verschiedenes auszuprobieren, denn eine permanent unangenehme Windel zu tragen, hat wiederum Einfluss auf den Stress und das Anspannungsniveau des Kindes. Auch die Kombination der Kleidung kann helfen und eine Entspannung bringen, bspw. einen Rock zu tragen, weil eine engere Jeanshose noch mehr dazu beiträgt, das unangenehme Gefühl der Windel verstärkt wahrzunehmen.

Außerdem ist es bei autistischen Kindern hilfreich, die Toilette in der Einrichtung gemeinsam zu erkunden. Autistische Kinder, die zuhause bereits auf die Toilette gehen, gehen nicht automatisch auch in einer Einrichtung auf die Toilette. Waschräume sind oft hektisch, viele Gerüche treffen aufeinander und die Waschräume sind unübersichtlich, weil viele Kinder auf einmal bspw. beim Händewaschen dort sind und unterschiedliche Geräusche zusammenkommen. Die Toilette kann ganz anders aussehen als zuhause, die Spülung ganz anders klingen oder auf andere Weise wahrgenommen werden. Es können Ängste entwickelt und das auf die Toilette Gehen vermieden werden. Hier kann es helfen, die Toilette als sicheren Ort zu gestalten, ggf. Sticker von den Interessen des Kindes aufzukleben oder auch Bücher auszulegen, mit denen es sich nur auf der Toilette beschäftigen kann. In ruhigen Momenten kann die Toilette ausführlich gezeigt werden, um mögliche Unsicherheiten abzubauen.

Manche Kinder merken im Spiel nicht oder erst zu spät, dass sie auf die Toilette müssen – gerade, wenn viel um sie herum passiert. Es gibt auch Kinder, die durchaus ihr Bedürfnis bemerken, aber ihr Spiel nicht unterbrechen können, um auf die Toilette zu gehen. In beiden Fällen macht das Kind es nicht mit Absicht. Wenn ein Kind eingenässt hat, braucht es eine verständnisvolle Reaktion, unangenehm ist die Situation auch autistischen Kindern. Es kann dann überlegt werden, woran es liegt und was dem Kind helfen kann, an den Toilettengang zu denken. Unterstützen können z. B. Timer, die nach Ablauf ein akustisches Signal erzeugen und so an den Toilettengang erinnern. Auch verbale Nachfragen durch Erwachsene sind möglich, jedoch bei alltäglicher Hektik evtl. weniger zuverlässig. Das Einüben oder Ritualisieren von Toilettengängen bspw. nach bestimmten Tageselementen kann ebenso dazu beitragen, dass ein Kind lernt, an den Toilettengang zu denken.

Dazu gibt es Kinder im Autismus-Spektrum, die nicht zeigen, dass sie müssen, und wenig oder kaum Interesse am Toilettengang bekunden. Es ist möglich, dass sie (noch) nicht spüren und wahrnehmen, wann sie auf die Toilette müssen. Sie brauchen evtl. einfach mehr Zeit als nicht-autistische Kinder oder ein intensiveres Toilettentraining. Manche sind allerdings auch weiterhin auf Windeln angewiesen. Diese können die Eltern dann ggf. über die Krankenkasse als Hilfsmittel beziehen.

Wenn es Schwierigkeiten in der Sauberkeitsentwicklung gibt, muss also auch reflektiert werden, was dahinter stecken kann. Dazu gehört eine medizinische Abklärung, um mögliche physiologische Gründe zu überprüfen. Dies ist gerade bei kognitiv eingeschränkteren Menschen nicht einfach, aber notwendig, um mögliche körperliche Ursachen oder Funktionsstörungen herauszufinden

3.2.8 Schlaf

Auch das Schlafverhalten kann bei Kindern mit Autismus gestört sein: Beim Einschlafen und Durchschlafen kann es Schwierigkeiten geben. Dabei kann die Länge, die das Kind mit Autismus benötigt, um erholt aufzuwachen, im Vergleich zu Gleichaltrigen kurz sein. Im Rahmen der Kindertagesbetreuung können mehrere Szenarien zu Problemen führen und sollten daher beachtet werden:

Wenn ein Kind mit Autismus abends schwer in den Schlaf findet, die Eltern es bis zum Einschlafen lange begleiten und es dazu ggf. noch mehrfach in der Nacht aufwacht und erneut Schwierigkeiten hat, wieder einzuschlafen, sind die Eltern oft sehr belastet. Sie bekommen selbst kaum ausreichend Schlaf, haben tagsüber aufgrund von Berufstätigkeit oder der Kinderbetreuung und Haushaltsführung wenig Gelegenheit, sich auszuruhen, bevor es wieder Abend wird. Permanenter Schlafmangel wirkt sich negativ aus. Kräfte fehlen, Energiereserven können kaum wieder aufgefüllt werden und über eine längere Zeit kann dieser Zustand krank machen. In Elterngesprächen kann man auf entlastende Hilfen verweisen, um im Alltag Entlastungsituationen zu schaffen, aber auch eine Beratung bezüglich der Schlafsituation kann unterstützen. Vermeintlich kleine Veränderungen können schon eine große Wirkung haben. Dazu können Eltern ermuntert werden, in einem Gespräch den Ablauf am Abend zu schildern. Faktoren, die man hinterfragen kann, beziehen sich auf (ritualisierte) Abendabläufe (bspw. ein strukturierter Ablauf vor dem Zu-Bett-gehen, abends keine Bildschirm-Zeit mehr, die Umsetzung möglicher Rituale usw.) sowie eine möglichst angenehme Schlafatmosphäre (bspw. für frische Luft sorgen, Raumtemperatur und Lichtbedarf/Dunkelheit prüfen usw.). Auch hier geht es darum, mögliche Faktoren zu identifizieren, die ein Zur-Ruhe-Kommen erschweren. Daraufhin gilt es, etwas zu verändern, um auszuprobieren, ob es einen Unterschied macht. Dies ist nicht immer leicht umzusetzen, weil Eltern bei sehr eingefahrenen Situationen wenig Möglichkeit sehen, Kraft für eine Veränderung aufzuwenden. Es kann helfen, wenn man bspw. andere Umfeldpersonen aktiviert, Ressourcen der Familie nutzt und kleine Impulse sehr konkret bespricht (was genau können die Eltern anders machen? – bspw. alternativ zur Tabletnutzung abends anbieten, damit das Kind eher zur Ruhe kommen kann).[38]

Zeit darin zu investieren, die Eltern hinsichtlich der Schlafroutine zu beraten, zahlt sich häufig aus. Denn übermüdete Kinder in der Kindertageseinrichtungen weisen häufig ein bereits erhöhtes Anspannungsniveau auf – können sich weniger auf Anforderungen einlassen, erreichen schneller eine Überforderungsgrenze, sodass es auch eher zu herausfordernden Verhaltensweisen und/oder verpassten Lernchancen kommt. Um

---

38 Tipps für die Gestaltung der Schlafhygiene gibt es z. B. bei https://www.infecto pharm.com/fuer-patienten/patienten-ratgeber/schlafhygiene-bei-autismus/ (Zugriff: 21.12.2024), auch als Download/Flyer frei verfügbar.

diesen Kreislauf zu durchbrechen, muss das Schlafverhalten unterstützt werden, z. B. in Form von Elternberatung. Auch können Eltern bei regionalen Anlaufstellen fragen, um bspw. eine Beratung oder auch ein Training dazu zu absolvieren (z. B. Kinderschutzbund oder Erziehungsberatungsstellen wissen ggf. von solchen Möglichkeiten).

Manchmal wird den Eltern aus medizinischer Sicht zur Melatonin-Gabe geraten. Melatonin ist ein Schlafhormon, das den Schlaf-Wach-Rhythmus beeinflusst. Viele Eltern berichten, dass es den »Einschlaf-Kick« gibt und die Kinder schneller in den Schlaf finden und insgesamt besser schlafen. Andere berichten von keiner Veränderung oder gar von Nebenwirkungen. Eine Abklärung bezüglich einer Melatonin-Gabe bei einer ärztlichen Fachkraft ist bei Fragen dazu unbedingt anzuraten. Auch ist ärztlicher Rat spätestens dann notwendig, wenn die Schlafroutine umgestellt wurde und nichts funktioniert, um ggf. in eine fundierte Ursachenforschung zu gehen.

Beispiel: Einschlafverhalten unterstützen

Eine Mutter schilderte in einer Beratung vom Schlafverhalten ihres Kindes. Es dachte sich immer wieder etwas Neues aus und die Eltern hatten schon viel versucht: Sie gestalteten ab Abendbrot den Ablauf des Abends strukturiert, sodass noch eine Spielzeit folgte mit Spielmaterialien, die das Kind eher entspannten (in diesem Fall unterschiedliche Kreisel und bestimmte Spielzeugautos, die auf einem gebauten Straßennetz fuhren). Durch einen Timer wurde die Spielzeit vorhersehbar gemacht. Nach dem Klingeln des Timers waren dann das Aufräumen dran und die Vorbereitung auf das Bett, also Umziehen, Zähne Putzen und Waschen. Im Zimmer hatten die Eltern bereits viel berücksichtigt, um mögliche Störreize zu minimieren. Sie hatten also viele Aspekte umgesetzt, die schlafförderlich sind.

Dennoch kam ihr Kind nach wie vor nicht zur Ruhe: Es stand immer wieder auf, lief durch den Raum. Die Mutter begleitete es dann wieder ins Bett. Kaum lag es, sprang es wieder auf und lief umher. Dieser Ablauf dauerte täglich im Schnitt zwei Stunden, bevor das Kind irgendwann doch einschlief, wenn es sich hinlegte. Es wurden weitere Sachen ausprobiert, bspw. eine Schweredecke (also eine Decke mit besonderer

Füllung, die sie schwer macht, was bei vielen Kindern beruhigend wirkt), Wechsel der Bezugsperson zum Einschlafen, Weggehen der Mutter, ob das Kind alleine in den Schlaf findet usw. Letztlich brachte eine Idee eine Veränderung: Die Eltern kauften eine Lampe, die Figuren und Bilder an die Decke projizierten. Durch einen Drehmechanismus bewegten sich diese an der Decke. Das Kind war fasziniert davon und konnte so im Bett liegen bleiben und zur Ruhe kommen und schlief durch diese Lampe und das Verfolgen der Bilder innerhalb weniger Minuten ein.

Innerhalb der Kindertageseinrichtung hat man neben eventuellen Auswirkungen eines gestörten Schlafverhaltens ggf. auch im Rahmen von Ruhezeiten oder Mittagsschlaf-Situationen mit einer Schlafsituation zu tun. In manchen Einrichtungen gibt es eine Ruhezeit, in der die Kinder sich leise beschäftigen, bspw. ein Buch lesen, ein Hörbuch hören oder eben schlafen. Ritualisiertes Vorgehen kann autistischen Kindern helfen, zur Ruhe zu kommen und die Mittagszeit zur Entspannung zu nutzen. Es kann helfen, die Regeln dieser Mittagszeit deutlich zu kommunizieren, die Zeit z. B. durch eine Strukturierungshilfe mittels Timer vorhersehbar zu machen – damit nachvollziehbar ist, wie lange diese Zeit dauert. Auch ein konkretes Zeigen von möglichen Beschäftigungen kann unterstützen, da es autistischen Kinder schwerfallen kann, die Anforderung »such dir bitte etwas Leises zum Spielen« umzusetzen, weil sie zu viel Handlungsraum lässt und zu undeutlich kommuniziert ist.

Es kann klar definiert werden, in welchem Bereich sich die Kinder aufhalten können, und bspw. eine Entspannungskiste gekennzeichnet sein mit Spielmaterialien oder Büchern, mit denen sich die Kinder innerhalb der Ruhezeit beschäftigen können. Wenn sich das Kind an festen Regeln und Abläufen orientieren kann, fällt es ihm leichter, die Ruhezeit auch für eine Entspannung und seinen Stressabbau zu nutzen. Auch hier kann auf Bekanntes zurückgegriffen werden, das die Eltern zur Entspannung bereits erfolgreich ausprobiert haben. Die Erwartung, dass ein Kind unbedingt schlafen muss, ist häufig unrealistisch. Die äußeren Rahmenbedingungen sind oftmals zu reizvoll, um zur Ruhe kommen zu können – gerade bei einer autismusspezifischen Wahrnehmungsverarbeitung. Auch bezogen auf Entspannungsmöglichkeiten und Schlafverhalten des Kindes ist es erforderlich, mit den Eltern im Austausch zu sein.

Beispiel: Die Wichtigkeit von offener Kommunikation, um Schlafverhalten zu verstehen

Ein Vater berichtete von Schwierigkeiten, weil seine Tochter abends nicht zur Ruhe kam. Sie wirkte auch gar nicht mehr müde und schlief einfach nicht ein, höchstens für kurze Zeit. Es gab herausfordernde Situationen, da sie abwehrend auf alle Versuche reagierte, die die Eltern unternahmen, damit sie zur Ruhe kommt und einschläft. Nicht nur dadurch entstand eine enorme Belastung der Eltern, sondern auch durch die Nachbarn, die sich durch die nächtlichen Schreiattacken des Kindes gestört fühlten.

Im Kindergarten jedoch gab es anscheinend gar keine Probleme. Dies wunderte die Eltern. Sie bekamen nach ein paar Wochen mit, dass das Kind nach Ankunft im Kindergarten zielstrebig zu einer Hochebenen-Konstruktion lief, um sich dort hinzulegen und einzuschlafen. Dies sorgte für großen Frust bei den Eltern, weil sie keinerlei Informationen darüber vom Kindergarten erhielten. Der Kindergarten ging davon aus, dass es für das Kind entspannend an dem gewählten Ort sei, und ließen es so laufen. Es fanden keinerlei Absprachen oder Abstimmungen statt. Das sorgte für Misstrauen seitens der Eltern, die sich für einen Einrichtungswechsel entschieden.

3.2.9 Wechsel zur Schule

In der gesamten Kindergarten-Zeit spielt die Vorbereitung auf die Einschulung eine große Rolle. Es werden – je nach Konzeption und auch nach Vorgaben bspw. innerhalb des Bundeslandes – regelmäßig Entwicklungsgespräche geführt, um die Eltern über die Wahrnehmung von erreichten Fähigkeiten zu informieren und sich auszutauschen. Je näher der Termin der Einschulung rückt, spätestens jedoch, wenn das Kind ein Vorschulkind wird, spielt auch die Frage nach dem Übergang in die Schule eine Rolle. Mit Erreichen des sechsten Lebensjahres erreicht das Kind die Schulpflicht und wird eingeschult, wenn es in einem bestimmten Zeitfenster das sechste Lebensjahr vollendet.

Bei Kindern, die eine Behinderung haben oder bei denen Entwicklungskompetenzen noch fehlen, kann eine Rückstellung überlegt werden. Wenn der Rückstellung zugestimmt wird, führt diese dazu, dass das Kind ein Jahr länger im Kindergarten bleibt, um Fähigkeiten zu erweitern, die es für einen erfolgreichen Schulstart benötigt. Hier ist jedoch individuell zu prüfen, ob ein weiteres Jahr sinnvoll erscheint und welche Rahmenbedingungen das Kind darin unterstützen, seine Fähigkeiten auszubauen. Im Rahmen der Schuleingangsuntersuchung kann ein entsprechender Antrag auf Rückstellung gestellt werden. Davon abhängig ist neben der Einschätzung über die Entwicklung des Kindes z. B. bei der Schuleingangsuntersuchung und der Platz-Kapazität des Kindergartens die Einstellung der Eltern.

Eine sensible, auf die Bedürfnisse der Eltern abgestimmte Kommunikation ist ebenso wichtig wie eine fundierte Grundlage der Argumentation für die Beantragung einer Rückstellung. Die Eltern sehen ihr Kind in anderen Situationen und nach der Konfrontation mit einer Diagnose kann die Aussicht frustrieren, dass ihr Kind erst ein Jahr später in die Schule kommen soll. Die Eltern merken dann erneut, dass ihr Kind »anders« ist oder bestimmte Fähigkeiten später als andere Kinder entwickelt. Auch im Umfeld kann dies unbequem sein, weil Familie und Freunde die Eltern ständig mit der bevorstehenden Einschulung konfrontieren. Ebenso gibt es Eltern, die auf eine Rückstellung drängen. Eine reflektierte Überlegung und bedürfnisorientierte Kommunikation sind wichtig – ebenso wie die Transparenz, dass über einen entsprechenden gestellten Antrag eben noch entschieden und dieser ggf. abgelehnt wird. Ein Vorgehen bei einer Rückstellung ist, wie in allen Bereichen, individuell und abhängig von verschiedenen Faktoren. Schließlich kann man nur aufgrund von bisheriger Beobachtung erahnen, welche Rahmenbedingungen das individuelle Kind benötigt, um in seiner weiteren Entwicklung unterstützt zu werden. Die Veränderung des Umfelds kann auch positive Auswirkungen haben. Das Schulsetting an sich hat häufig sehr strukturierte Bedingungen, an denen sich autistische Kinder oftmals gut orientieren können. Ebenso ist es für das Kind ein Neustart und somit auch eine Chance, positive Erfahrungen in einem anderen Gruppensetting sammeln zu können.

Die Frage nach der Schule ist ebenfalls individuell und letztlich bestimmt durch regionale Angebote sowie den Willen und die Entscheidung der Eltern. Regional gibt es beratende Instanzen, bspw. von der Landesschulbehörde beauftragt, um Eltern von autistischen Kindern in Schulangelegenheiten zu informieren und bei Schwierigkeiten zu unterstützen. Diese können auch bei der Einschulung unterstützend beraten.

Regional variiert ebenfalls das schulische Angebot, das gezielt auf autistische Kinder abgestimmt ist. Beispielsweise gibt es in Schleswig-Holstein, Berlin und Hamburg den Förderschwerpunkt »Autismus« und somit Schulen, die sich auf die Fahne schreiben, sich besonders gut mit autistischen Kindern auszukennen bzw. Erfahrungen mit Autismus zu haben. Das heißt allerdings nicht, dass sich die anderen Schulen nicht mit einer autismusspezifischen Wahrnehmungsverarbeitung auskennen. Hier zählt ebenfalls oft schon die Bereitschaft von Lehrkräften, sich der individuellen Besonderheiten des/der Schüler:in anzunehmen und Ideen zu entwickeln, um Schwierigkeiten zu überwinden.

Hinsichtlich besonderer Bedarfe befindet sich Deutschland auf einem eher ausbaufähigen Stand, weil es wenig Flexibilität an Regelschulen gibt, in denen meist eher noch starre Systeme vorhanden sind. Es ist ratsam, sich über regionale Konzepte zu erkundigen, um Eltern mehrere Optionen nennen zu können. Häufig gibt es Tage der offenen Tür oder andere Möglichkeiten, damit die Eltern die Schulen besuchen und sich selbst einen Eindruck verschaffen können. Die Schilderungen aus der Kindertageseinrichtung, wie sich das Kind innerhalb einer größeren Gruppensituation verhält, kann die Eltern sensibilisieren. Auch Möglichkeiten, den Schulstart zu erleichtern und das Kind auf den anstehenden Wechsel vorzubereiten, können thematisiert werden, damit dem Kind ein möglichst positiver Start in seine Schullaufbahn ermöglicht wird. Dies kann auch bedeuten, dass die Eltern beraten werden, eine Schulassistenz oder Schulbegleitung zu beantragen – gerade, wenn es zu herausfordernden Situationen kommt (vgl. Lindmeier & Lindmeier & Langenhoff, 2024). Auch hierzu müssen manchmal die Sorgen vor Stigmatisierung aufgegriffen und zu den Vorteilen abgewogen werden, die diese Maßnahmen haben. Es ist schließlich eine ganz neue Erfahrung, ein wichtiger Schritt, der auch bei nicht-autistischen Kindern bzw. deren Eltern viele Sorgen verursacht. Wenn besondere Bedarfe aufgrund der Autismus-Diagnose vorhanden sind, nehmen Fragestellungen zu, ob die nächste Einrichtung auf die Bedürfnisse eingehen kann. Hinzu kommt die Unsicherheit, wie die Eltern die Diagnose kommunizieren sollen, ob sie sich damit Wege verbauen, Vorurteile auslösen, wie die anderen Kinder und Eltern darauf reagieren usw. Hier gibt es keinen »richtigen« oder »falschen« Weg, sondern individuell ganz verschiedene. Den Eltern kann es helfen, wenn man gerade auch in diesem Abschnitt als Gesprächspartner:in ein offenes Ohr für Sorgen und Ängste hat und sie in ihrem Umgang damit unterstützt.

Häufig ist es möglich, dass das Kind die nächste Einrichtung besuchen und kennen lernen, Schnupperstunden wahrnehmen, die Lehrkraft treffen und die Räumlichkeiten erkunden kann. Durch Visualisierungen kann ebenfalls das nahende Ende in der Kindertageseinrichtung angebahnt und der bevorstehende Wechsel in die Schule nachvollziehbar gestaltet werden (bspw. durch einen Kalender, der die restlichen Tage anzeigt, oder durch ein Bild der Schule oder zukünftigen Lehrkraft usw.). Auch konkrete Ideen, was das Kind in der Schule erwartet, geltende Regeln (z. B., wenn die Lehrkraft spricht, sind die Schüler:innen leise) können spielerisch vermittelt werden. So kann ein Verständnis der neuen, komplexen Situation im Vorfeld geschaffen und konkrete Handlungsstrategien vermittelt werden, bevor es zu Schwierigkeiten kommen kann. Auch Hilfsmittel, die sich im Rahmen der Kindertageseinrichtung bewährt haben und z. B. zur Reizabschirmung oder Entspannung dienen, können als Strategien in den Schulalltag übertragen werden. Eine entsprechende Dokumentation kann den Eltern schriftlich mitgegeben werden, sodass diese bereits bekannte hilfreiche Strategien an Lehrkräfte weiterreichen könnten. Da häufig die Pausen schwierig sind, weil sie unstrukturiert und reiz-voll sind, kann auch dies vorbereitet werden, indem dem Kind Pausenbeschäftigungen spielerisch vermittelt werden. Mit den Eltern können Gespräche stattfinden, um mögliche Stolpersteine vorher zu besprechen und im besten Fall bereits zu überwinden.

Dazu ist es in Form von Elterngesprächen auch sinnvoll, die Eltern darauf vorzubereiten, dass es neue Situationen geben wird, die nicht vorbereitet werden können. Zwar können oben genannte Ideen den Übergang erleichtern, es steht und fällt jedoch mit der Offenheit und Bereitschaft aller Beteiligten und nicht zuletzt mit den zur Verfügung stehenden Rahmenbedingungen. Nicht alles kann geplant und bedacht werden und

Änderungen passieren. So ist es nicht nur wünschenswert, sondern auch rechtlich/ethisch vorausgesetzt, dass auch die weiteren Umfelder und Institutionen individuell auf Herausforderungen eingehen und diese berücksichtigen, um behinderungsbedingte Nachteile auszugleichen und Teilhabemöglichkeiten zu erhöhen. Dennoch stößt »das System Schule« hier häufig auch an seine Grenzen. Die Eltern benötigen daher neben dem Wissen um Hilfen bzw. Beratungsstellen vor allem Durchhaltevermögen und Energie, die Rechte ihres Kindes – wenn notwendig – auch aktiv einzufordern. Ein wesentlicher Aspekt in der Begleitung der Eltern im Übergang zur Schule sollte also auch davon geprägt sein, sie zu stärken, die Bedürfnisse ihres Kindes wahrzunehmen und Strategien zu entwickeln, die eigenen Kraftreserven wieder aufzufüllen, um ggf. Widerstände auflösen oder auch fordernde Phasen aushalten zu können (zur Schule siehe z. B. Nashef, 2025).

3.2.10 Veränderungen

Kinder sind täglich Veränderungen ausgesetzt und werden mit Abweichungen vom eigentlichen Plan konfrontiert. Dies erfordert, sich flexibel auf neue Gegebenheiten einstellen und an diese anpassen zu können. Für viele Kinder ist das keine Schwierigkeit, weil sie auch damit umgehen können, wenn eine Krankheitsvertretung sie begrüßt, sie ein Verständnis dafür entwickeln und ihr Verhalten daran anpassen können – ohne dass es größerer Erklärung bedarf. Auch, wenn die Lieblingshose in der Wäsche ist, können sie leichter annehmen, eine andere Hose zu tragen. Oder wenn ein Umweg auf dem Weg zur Kindertageseinrichtung gegangen werden muss, weil Bauarbeiten stattfinden, ist es i. d. R. kein Problem. Es gibt viele Beispiele, da Veränderungen oder Abweichungen häufig geschehen. Manchmal werden diese nicht bewusst wahrgenommen, weil das eigene Verhalten flexibel auf die neue Situation ausgerichtet werden kann. Dies fällt autistischen Kindern aber häufig schwer. Gleiche Abläufe, gewohnte Handlungsmuster, eigene Vorstellungen darüber, wie etwas abläuft, geben ihnen Sicherheit und eine Orientierung. Eine Veränderung im Ablauf oder der Bezugsperson oder des Spielzeugs usw. kann große Unsicherheit zur Folge haben. Von außen als kleine Veränderung wahrgenommene Zustände können Handlungsblockaden auslösen oder zu Abwehrverhalten (herausfordernden Verhaltensweisen) führen.

Beispiel: Einfluss von Veränderungen auf Verhaltensweisen

Ein Kind mit Autismus hatte gelernt, sich selbstständig ein Glas mit Wasser zu füllen und zu trinken, wenn es durstig war. Es gab im Gruppenraum eine Trinkstation, sodass die Kinder sich selbst bedienen konnten. Nachdem vermehrt Gläser zerbrochen waren, hatte die Einrichtung überlegt, statt der Gläser Plastikbecher anzubieten, um die Verletzungsgefahr zu minimieren und dennoch permanent Zugang zu Wasser zu ermöglichen.

Nach ein paar Wochen berichteten die Eltern des autistischen Kindes, dass es zu Hause häufig große Mengen an Flüssigkeit nach dem Kita-Besuch zu sich nahm. Sie machten sich Sorgen, dass ein gesundheitliches Problem dahintersteckte. In diesem Zusammenhang fiel auf, dass das Kind sich nicht mehr an der Trinkstation bediente. Es hatte das Prinzip nur mit den Gläsern gelernt; als die Gläser jedoch durch die Becher ausgetauscht wurden, konnte es die gelernte Fähigkeit nicht einfach übertragen. Da es ebenfalls Schwierigkeiten hatte, seine Bedürfnisse mitzuteilen, konnte es auch nicht fragen. Für das Kind gab es eine Veränderung, auf die es sich nicht automatisch einstellen konnte.

Es kann ganz unterschiedlich sein, ob und welche Veränderungen Stress verursachen oder überfordern. Manche Menschen mit Autismus können Abweichungen schneller in ihr Handeln integrieren. Manchen kann eine vermeintlich große Veränderung scheinbar leicht fallen, aber vermeintlich kleinere Veränderungen können dann zu herausfordernden Verhaltensweisen führen.

Beispiel: Umgang mit und Reaktion auf Veränderung

Ein autistisches Mädchen war erst ein paar Monate in der Kita. Die Bezugserzieherin hatte die Eingewöhnung kleinschrittig gemacht und konnte die Bedürfnisse von ihr so aufnehmen, dass sie mittlerweile einen Kita-Tag bewältigen konnte. Zwischendurch suchte das Mädchen immer wieder die Nähe zu dieser Erzieherin. Diese wurde nun schwanger und erhielt ein Beschäftigungsverbot – war also von heute auf morgen nicht mehr in der Gruppe. Die Kolleg:innen waren sehr besorgt, dass diese spontane und nicht vorhersehbare Veränderung eine Krise bei dem Mädchen auslösen könnte. Zu der allgemeinen Unsicherheit im Umgang mit dem raschen Wegfall kam also die Befürchtung, dass das autistische Mädchen, das so gut angekommen war, nun verunsichert werde, weil ihr Bezugspunkt wegfällt.

Gemeinsam mit der Mutter wurde überlegt, dass durch die große Veränderung die allgemeine Anforderung erst einmal zurückgeschraubt werde und das Kind zunächst wieder weniger Stunden in der Kita verbrachte. So sollte verhindert werden, dass das Kind überfordert wird, weil es sich auf eine neue Situation einstellen muss. Außerdem war durch die reduzierte Stundenzahl die Personalplanung entspannter, weil einkalkuliert war, dass das Kind ggf. mehr Aufmerksamkeit benötigt oder einfordert.

Nach kurzer Zeit wurde jedoch deutlich, dass der Wegfall der Bezugserzieherin das Verhalten des Kindes kaum beeinflusste. Dadurch, dass es sich durch die bedarfsorientierte Eingewöhnung bereits an den Strukturen der Einrichtung orientieren konnte, führte der Wegfall der Erzieherin nicht in eine Krise des Mädchens. Es war nicht abhängig von der Anwesenheit dieser einen Person, sondern orientierte sich an verschiedene Gegebenheiten: den anderen Erwachsenen, den anderen Kinder, den Räumlichkeiten, den Spielmaterialien, den Abläufen usw. Weil das Mädchen sich anscheinend in den Momenten noch an der Erzieherin orientierte, die unstrukturierter, lauter, chaotischer waren, wurden Maßnahmen überlegt, die es alternativ zur Entspannung anwenden konnte (mit Vorhängen abgedunkelter Bereich als Rückzugsmöglichkeit mit sensorischen Materialien wie Sandsäcke).

Es ist wichtig, daran zu denken, dass es autistischen Menschen schwerfallen kann, sich auf Veränderungen einzustellen. Sie profitieren dann davon, wenn man Veränderungen, die geplant sind, rechtzeitig

> ankündigt und konkrete Ideen bespricht, wie es nach der Veränderung sein kann.

Oder wenn man wie im obigen Beispiel andere Anforderungen herunterschraubt, um einzuräumen, dass der Umgang mit einer Veränderung unter Umständen mehr Kapazitäten benötigt. Wenn eine Fähigkeit erlernt wurde, kann man nicht unbedingt davon ausgehen, dass autistische Menschen sie in einer anderen Situation oder mit vermeintlich ähnlichen Rahmenbedingungen auch abrufen können. Sie benötigten häufig wieder eine Anleitung oder eine Vorgehensweise, um auch mit dieser Situation zurechtzukommen. An den Verhaltensweisen des Kindes (z. B. Anspannungen oder herauforderndes Verhalten) bemerkt man, wenn es zu Irritationen kommt. Man sollte deswegen reflektieren, ob mögliche Veränderungen mit Verhaltensweisen zu tun haben könnten, und sensibilisiert sein für vermeintlich kleine Veränderungen, die eine große Auswirkung haben können.

3.2.11 Rituale und Routinen

Rituale geben Kindern Sicherheit und bieten Vorhersehbarkeit, weil sie oft Handlungsketten starten. Sie laufen gleich (oder sehr ähnlich) ab, sodass sie Orientierung bieten. Kindertageseinrichtungen sind voller Rituale, weil Abläufe gewohnt und gleichbleibend sind. Das Begrüßungslied, der Tischspruch oder bestimmte Vorgehensweisen, wenn ein Kind Geburtstag hat, sind Beispiele für Elemente in der Kindertageseinrichtung, die gleich oder sehr ähnlich ablaufen. Wenn ein Kind mit Autismus in der Lage ist, diese Rituale nachzuvollziehen, kann es sich auch daran orientieren. Teilweise sind bestehende Vorgänge aber auch sehr komplex, sodass sie nicht unbedingt eine Orientierung bieten. Autistische Kinder profitieren dann von einer Begleitung oder einer kleinschrittigeren Anleitung über den geplanten Ablauf, um sich orientieren zu können.

Ebenfalls kann es individuelle Rituale oder Routinen geben, die für das autistische Kind initiiert werden. Ein Aufräumlied kann eingeführt werden, um zu erleichtern, dass das Kind seine Aktivität beendet. Wartesituationen können ebenfalls fordernd sein, wenn die Kinder z. B. in der

Garderobe sind und das autistische Kind warten muss, bevor es rausgeht. Hier kann auch ein Handlungsablauf angeleitet werden, bspw., dass das Kind sich auf einen bestimmten Platz setzt, wenn es angezogen ist, und sich mit einer Warte-Aktivität beschäftigt (z. B. Lied, Fingerspiel oder Kreisel). Auch hier ist individuell zu prüfen, von welchem Angebot das autistische Kind profitiert und ob die bestehenden Handlungsabläufe nachvollziehbar und eine Hilfe sind oder nicht. Es gibt autistische Kinder, die gleichbleibende Handlungsabläufe sehr starr einfordern. Zum einen ist es positiv, weil sie sich daran orientieren und ihnen der vorhersehbare Ablauf Sicherheit vermittelt. Zum anderen kann es schwierig werden, wenn der gleichbleibende Ablauf verändert wird (bzw. werden muss). Daher sollte auch innerhalb von Ritualen Flexibilität möglich sein und eingebaut werden, bspw. nicht nur der eine Tischspruch, sondern aus mehreren auswählen. Dies kann die Kinder stärken, mit Abweichungen umzugehen und nicht direkt in eine Überforderungssituation zu geraten.[39]

3.3 Aufklärung in der Kindertageseinrichtung (Kinder und Eltern)

Bei Kindern, die herausfordernde Verhaltensweisen zeigen und bspw. andere Kinder beißen, hauen oder kneifen, stellt sich schneller die Frage, inwieweit Verhaltensweisen mit den anderen Kindern und deren Eltern kommuniziert werden. Hier besteht ein drängenderer Handlungsbedarf, weil die anderen Eltern (verständlicherweise) irritiert reagieren, wenn sie erfahren, dass ihr Kind durch ein anderes Kind verletzt wurde. Eine sensible Kommunikation ist hier ebenso wichtig wie eine klare Haltung sowie

---

39 Weiterführende Literatur findet sich z. B. bei Häußler (2022) bzw. dem TEACCH®-Ansatz, indem zunächst z. B. durch Strukturierungs-/Visualisierungshilfen Orientierung geboten wird. In diesem vorhersehbaren Rahmen können dann auch Veränderungen integriert werden, um die Flexibilität zu erhöhen.

ein Umgang sowohl mit möglichem herausforderndem Verhalten als auch mit den möglichen Nachfragen durch die anderen Eltern.

Dies kann auch bei autistischen Kindern relevant werden, jedoch stellt sich ebenso ohne einen oben genannten Druck die Frage, ob und wie die anderen Kinder und/oder deren Eltern über das Vorhandensein einer Diagnose informiert werden.

Der Datenschutz spielt eine wichtige Rolle und bedeutet in diesem Kontext, dass eine Diagnose ohne ein Einverständnis der Eltern des entsprechenden Kindes nicht gegenüber anderen kommuniziert werden darf. Um nicht in die Situation zu kommen, unvorbereitet auf das Nachfragen anderer reagieren zu müssen und dann ggf. im hektischen Alltag unreflektierter zu antworten, sollte bei dem Vorliegen einer Diagnose zeitnah mit den Eltern gemeinsam ein Vorgehen überlegt werden. Dies ist aus unterschiedlichen Gründen manchmal gar nicht so leicht, weil die Diagnose erst frisch bestätigt wurde und die Eltern noch gar nicht richtig verarbeiten konnten, was das nun bedeutet, und ggf. die erweiterte Familie darüber noch gar nicht informiert ist.

Die Kommunikation über die Diagnose ist eine Entscheidung, die Vor- und Nachteile hat und individuell beantwortet werden muss. Es spielen viele Faktoren eine Rolle, wie z. B. ein erhöhter Handlungsdruck aufgrund von herausfordernden Verhaltensweisen und dem möglichen Drängen anderer Eltern. Für diese Entscheidung gibt es keine richtige oder falsche Lösung, sondern ein individuelles Vorgehen, mit dem sich (möglichst) alle Beteiligten wohlfühlen sollten. Manche Eltern haben die Sorge, dass das eigene autistische Kind vermehrt geärgert wird, wenn die anderen Kinder von einer Diagnose wissen. Andere Eltern befürchten ein Ausgrenzungsverhalten, weil wenig Wissen über die Diagnose vorliegt, sie vielleicht schon die Erfahrung gemacht haben mit Sätzen wie »Ist das ansteckend?« oder ähnlichem.

Es gibt verschiedene Vorgehensweisen, die zu einem entspannten und wertschätzenden Miteinander beitragen können. Eine Möglichkeit ist, mit den Eltern einen Elternabend zu planen, in dem über Autismus aufgeklärt wird. Auf diese Weise können Ängste und Unsicherheiten beseitigt und ein Verständnis erweitert werden. Es kann Projekte mit den Kindern geben, die gezielt auf individuelle Stärken verweisen, um das Positive zu sehen.

3.3 Aufklärung in der Kindertageseinrichtung (Kinder und Eltern)

Konkrete Vorschläge im Umgang miteinander können helfen, Konfliktpotentiale zu minimieren.[40]

Beispiel: Verständnis schaffen durch Projekte

In einer Kindergartengruppe war ein Kind, bei dem verschiedene Fachkräfte aufgrund seines Verhaltens bereits einen Verdacht auf Autismus geäußert hatten. Eine ausführliche Diagnostik fand jedoch nicht statt, da die Eltern noch unsicher waren, ob sie diesen Weg gehen wollten. Die Frage einer gezielten Autismus-Aufklärung stellte sich also noch nicht, aber im Kindergarten kam es vermehrt zu Konflikten. In bestimmten Situationen reagierte das Kind mit herausfordernden Verhaltensweisen wie Hauen oder Beißen. Die anderen Kinder entwickelten Angst und wichen dem Kind aus, um nicht gehauen oder gebissen zu werden.

Neben der Planung geeigneter Interventionen für das Kind und der beratenden Elternarbeit planten die Erzieherinnen im Kindergarten ein Projekt und setzten es um. In diesem Projekt wurde zum einen das Interesse des Kindes aufgegriffen. Es interessierte sich sehr für Tiere, vor allem Tiere, die im Dschungel leben. Das Kind war Experte auf diesem Gebiet, was die anderen Kinder stark beeindruckte. So konnte das Kind in einer neuen (positiven) Perspektive von den anderen Kindern wahrgenommen werden und war nicht mehr gefürchtet. Andererseits wurden anhand dieses Themas wichtige Umgangsregeln miteinander erarbeitet und wiederholt. Die bereits vorhandene »Stopp-Regel« wurde bspw. spielerisch gefestigt, um die anderen Kinder darin zu stärken, eigene Grenzen durch ein verbales »Stopp« und eine gestische »Stopp-Hand« aufzuzeigen. Es wurde dazu u. a. ein Bewegungsspiel gemacht, in dem die Kinder sich auf unterschiedliche Weise von Liane (also einem Seil) zu Liane fortbewegen mussten, um den Dschungel (also die ent-

---

40 Video-Hinweis: »Erstaunliche Dinge geschehen« unter: https://www.youtube.com/watch?v=Dvmru-mxvAE (Zugriff am 21.12.2024). Dieses Video vom AmazingThingsProject gibt es bei YouTube in verschiedenen Sprachen/Übersetzungen und kann z. B. Kindern (in altersgerechten Auszügen) oder auch auf Elternabenden gezeigt werden, um ein Verständnis bei anderen zu schaffen.

sprechend gestaltete Bewegungsbaustelle im Bewegungsraum) zu erforschen. Da es jedoch nur begrenzte Lianen gab, mussten die Kinder abwarten und »Stopp« deutlich signalisieren. Dies gelang anfangs kaum – im Bewegungsraum herrschte große Aufregung, sodass das »Stopp« oft unterging. Dies wurde von den Erzieherinnen entsprechend thematisiert. So konnten die anderen Kinder besser nachvollziehen und verstehen, dass sie deutlich und selbstbewusst ein »Stopp« kommunizieren müssen, damit es auch sicher beim Gegenüber ankommt, unabhängig von vorliegender Lautstärke oder Hektik. Außerdem erfuhren sie, dass sie selbst auch aus unterschiedlichen Gründen manchmal Schwierigkeiten haben, auf ein »Stopp« direkt zu reagieren. Das Verständnis füreinander wuchs und brachte insgesamt Entspannung in die Gruppe.

Kinder haben häufig weniger Berührungsängste, weil für sie selbstverständlicher ist, dass jeder Mensch einzigartig ist und unterschiedliche Stärken, aber auch Schwierigkeiten hat. Ein Bewusstwerden, dass jedes Kind von einer unterschiedlich intensiven Unterstützung profitiert, kann dennoch mögliche Barrieren abbauen.[41] Dies muss natürlich auch von den Fachkräften vor Ort gelebt werden und bspw. ebenfalls konzeptionell verankert sein. Eltern, die ihr Kind in einem integrativen Kindergarten anmelden, müssen damit rechnen, dass auch Kinder mit besonderen Bedarfen in der Einrichtung betreut werden und ggf. eine Diagnose haben.

Auch die Entscheidung von Eltern, die Diagnose (zunächst) noch nicht zu kommunizieren, hat eine Berechtigung und muss respektiert werden, auch wenn man selbst eher die Vorteile einer direkten Benennung sieht. Durch Elterngespräche können mögliche Ängste thematisiert und abgebaut werden. In vielen Fällen gibt es auch gar keinen Anlass, eine Diagnose zu kommunizieren, weil es keine Schwierigkeiten gibt und Unterstützungsangebote selbstverständlich (geworden) sind.

---

41 Bilderbücher dazu sind z.B. »Ich bin Loris« (Tschirren & Hächler), »Alle behindert« (Klein & Osberghaus), »Alle haben einen Po!« (Fiske), »Davids Welt« (Mueller), »So seh ich deine Welt, willst du auch meine sehen?« (Hoopmann), »Oliver« (Sif).

3.4 Hinweise zur begleitenden Elternberatung

Die Zusammenarbeit mit den Eltern kann allgemein ganz unterschiedlich ausfallen.[42] Alle Eltern wollen das Beste für ihr Kind. Auch, wenn man anderer Meinung ist, was dem Kind helfen würde, gibt es i.d.R. eine Begründung für elterliches Verhalten. Wenn das Kind sich dann noch anders entwickelt, es Schwierigkeiten gibt, besondere Bedarfe hat und dies ggf. durch eine Diagnose bestätigt ist, wachsen Unsicherheiten bei den Eltern. Sie sind früh mit Sorgen konfrontiert, mit Anmerkungen von Personen im Umfeld, wenn das Kind andere Entwicklungsschritte macht, und mussten ggf. schon viel Kraft aufwenden, weil sie bspw. schon mehrere Termine in Fachpraxen o. ä. hatten und bereits Therapien oder Förderungen hinter sich haben. Sie haben das Gefühl, ihr Kind verteidigen zu wollen, Verhaltensweisen zu rechtfertigen, oder wissen einfach nicht weiter. Eltern wollen erst einmal nichts (bewusst) falsch machen und dem Kind alles ermöglichen oder erkämpfen. So kann auch der Wunsch von Eltern, ihr Kind in einer Regeleinrichtung betreuen zu lassen, erklärt werden. Sie befürchten sonst eine mögliche Benachteiligung und dass ihrem Kind Chancen verbaut werden. Niemand kann vorhersehen, welche Entwicklungsschritte ein Kind möglicherweise noch machen kann. Ein Verständnis für die Situation der Eltern zu entwickeln, kann dabei helfen, mögliche Gründe, Ängste oder Sorgen – also Gründe für elterliches Verhalten oder Einstellungen – besser nachzuvollziehen.

Beispiel: Perspektive der Eltern einnehmen

Viele Eltern schildern den Kita-Tag ihres autistischen Kindes so bzw. so ähnlich:
Nach einer kurzen Nacht, in der ihr Kind – nachdem es spät einschlafen konnte – häufig wach war, ist der Morgen turbulent. Das Kind benötigt

---

42 Daher werden in diesem Abschnitt mögliche Verhaltensweisen von Eltern und mögliche Gründe auf Basis von beruflichen Erfahrungen geschildert. Die Impulse in diesem Abschnitt sollen dazu einladen, die Perspektive zu wechseln und auch hier erstmal das Verhalten der Eltern zu verstehen.

intensive Unterstützung bei den Schritten der Morgenhygiene, erste Frustsituationen laufen aus dem Ruder, weil bspw. die Lieblingshose in der Wäsche ist oder irgendetwas anderes stört, das nicht direkt offensichtlich und nachvollziehbar ist. In der Kita angekommen, scheint alles gut zu sein – das Kind wird abgegeben und die Eltern können zur Arbeit fahren. Bei jedem Geräusch des Handys befürchten sie jedoch, dass etwas mit dem Kind ist, eine Situation eskaliert und es »mal wieder« abgeholt werden muss. Zur Abholzeit berichten die Erzieher:innen im besten Fall, dass der Tag ohne größere Schwierigkeiten bewältigt werden konnte, vielleicht sogar, dass es gut war, dass das Kind Spaß und eine gute Zeit hatte.

Das Kind ist nach den vielen Reizen und Anforderungen des Tages müde, der Akku ist leer. Zuhause reicht dann die kleinste Irritation aus und das Kind zeigt Überforderungsverhalten, welches häufig herausfordernd ist (schreien, hauen, wegrennen usw.). Da die Eltern selbst eine anstrengende Nacht und einen anstrengenden Arbeitstag hinter sich haben, bringt das Verhalten sie an die eigenen Grenzen – sie hatten sich einen harmonischen Abend gewünscht. Wenn nichts davon zur Entspannung beiträgt, was die Eltern anbieten, wird der Frust noch größer und dann erhält das Kind als letzte Möglichkeit Zugang zu Medien. Wenn sonst nichts funktioniert – darauf kann es sich einlassen und auch eine Zeitspanne alleine beschäftigen. Dann können die Eltern sich um Haushalt, Essen etc. kümmern – mit dem schlechten Gewissen, dass ihr Kind zu viel Medien konsumieren könnte – auch, weil Familienmitglieder oder Freund:innen ständig bemängeln, »das Kind sei zu viel am Tablet« …

In diesem Beispiel sind viele Situationen überspitzt dargestellt. Dennoch sind einzelne Elemente (oder mehrere davon) Alltag von Eltern, die Kinder mit besonderen Bedürfnissen haben. Es gibt festgefahrene Dynamiken, die verhindern, dass alle zur Ruhe kommen und Kraft tanken können, um mit den Anforderungen des Alltags möglichst entspannt umzugehen. Eltern fehlt oft eine Entlastung, um genug Energie auffüllen und sich auf die Bedürfnisse ihres Kindes einlassen zu können. Sie sind ebenfalls häufig verunsichert, wie sie reagieren sollten, welches Verhalten sie wie begrenzen können und wie sie ihr Kind bestmöglich unterstützen. Wenn Geschwisterkinder vorhanden sind, kommen diese häufig zu kurz. Die Eltern sind frustriert: wenig Zeit für sich, wenig Zeit als Paar, wenig harmonische Zeit mit der Familie.

Wenn es dann in einem Elterngespräch in der Kindertageseinrichtung um Förderimpulse geht und darum, was die Eltern zuhause umsetzen sollten, ist dies oftmals zu viel. Wenn es in der Einrichtung gut klappt, fällt es den Fachkräften oft schwer, sich vorzustellen, wie fordernd die Zeit zuhause ist. Viele Eltern berichten, dass ihre Kinder sich innerhalb der Betreuung noch regulieren können und sich anpassen, dafür aber viel Energie aufwenden. Diese Energie steht im sicheren, geschützten häuslichen Umfeld nicht mehr zur Verfügung, sodass es eher zu Überforderungssituationen kommt. Dann fällt es den Eltern schwer, sich vorzustellen, dass es in der Kita klappt: Sie hören, dass es kaum Schwierigkeiten gibt, und erleben bei ihrem Kind viele herausfordernde Verhaltensweisen. Die Eltern hinterfragen ihre eigenen Erziehungskompetenzen und ihr Gespür für die Bedürfnisse ihres Kindes, fühlen sich machtlos, weil es ihnen nicht gelingt, eine harmonische Zeit mit dem Kind zu erleben. In der Elternberatung hilft es, solche Dynamiken aufzudecken und zu erklären. Konkrete Beispiele, was genau gut klappt oder von dem Kind angenommen wird, womit genau es sich gut beschäftigen kann, können den Eltern helfen, um mehr Handlungssicherheit zu erlangen und sich wieder selbstwirksamer mit ihrem Kind zu fühlen. Dazu ist es ebenfalls hilfreich, immer wieder den Blick auch auf das Positive zu lenken.

> Häufig sind die Schwierigkeiten im Vordergrund von Gesprächen. Dies ist auch relevant, um nach Lösungen zu suchen oder passende Interventionen zu entwickeln. Dennoch sollten die Stärken des Kindes nicht in Vergessenheit geraten, weil sie einen positiven Blick ermöglichen und Ressourcen darstellen, die genutzt werden sollten.

Den Eltern fällt es manchmal schwer, positive Aspekte zu sehen, weil die Überforderung (zu) groß ist. Hilfreich kann dann sein, selbst konkrete Fähigkeiten des Kindes zu benennen oder an konkreten Beispielen zu schildern, was gut klappt.

Die Mediennutzung ist ein sehr präsentes Thema, das kontrovers diskutiert wird. Letztlich entscheiden die Eltern, ab wann wie oft oder lange sich das Kind mit Medien beschäftigen darf bzw. Zugang zu diesen hat. Sind Medien das einzig zuverlässig funktionierende Mittel, auf das die Eltern zurückgreifen können, damit das Kind entspannt, wäre es schwierig, diese Strategie ohne funktionierende Alternative zu reduzieren, wegzunehmen bzw. zu verurteilen. In einem gemeinsamen Gespräch kann überlegt werden, wie ein hoher Medienkonsum schrittweise reduziert oder was anstelle von digitalen Medien ausprobiert werden kann. Vielleicht gibt es etwas, das manchmal funktioniert oder in der Kita ausprobiert wurde und positiv angenommen werden konnte – es lohnt sich, kreativ zu überlegen, was in den Situationen helfen kann, wenn die Eltern sonst zu digitalen Medien greifen. Digitale Medien sind besonders attraktiv – es gibt z. B. bei Spielen ein direktes Feedback zu »richtig« oder »falsch« und keine Grauzonen, keine Zwischentöne oder unausgesprochenen Botschaften wie in sozialen Kontexten. Dazu erleichtern digitale Medien vielen autistischen Menschen das Knüpfen von Kontakten. Die gesamtgesellschaftliche Nutzung von Medien hat sich gewandelt, sodass auch die guten Seiten genutzt werden können. Ein reflektierter Umgang mit vorhandenen Strategien scheint insgesamt sinnvoll und hilfreich, um ein möglichst breites Repertoire an Handlungsweisen zu entwickeln. Führt man sich die vorhandenen, individuellen Schwierigkeiten vor Augen, kann man besser verstehen, warum die Eltern so handeln, wie sie es tun.

Ein weiterer Aspekt in der Elternberatung kann der Umgang mit Hoffnungen oder Wünschen sein. Nach der Erkenntnis, dass die Eltern ein Kind mit besonderen Bedürfnissen haben, weil es eine Autismus-Diagnose hat, machen sie sich Gedanken über die Zukunft des Kindes. Sie wünschen sich ggf. möglichst konkrete Rückmeldungen und Einschätzungen, welche Entwicklungsschritte ihr Kind noch gehen und wann es bestimmte Fähigkeiten erlernen wird.

> **Beispiel: Positiver Blick auf bereits vorhandene Fähigkeiten**
>
> In der Kita war ein autistischer Junge, der überwiegend durch Handführung und noch nicht verbalsprachlich kommunizierte. Die Mutter

beschäftigte dies sehr. Schließlich sei (aus ihrer Perspektive) Sprache der Schlüssel zur Welt. Bei jeder Gelegenheit fragte sie die Erzieherinnen, aber auch die involvierten Therapeut:innen, wie der Fortschritt sei und wann ihr Kind denn verbalsprachlich sprechen könnte. Es war wichtig, sich nicht zu einer konkreten Aussage verleiten zu lassen, weil man diese nicht treffen kann. Niemand kann vorhersagen, welche Kompetenzen ein Kind noch ausbauen wird. Der Druck der Mutter war für alle Beteiligten nachvollziehbar, weil sie ihn offen kommunizierte.

Es galt diesem aber Stand zu halten und schrittweise der Mutter eine andere Perspektive zu vermitteln: Schließlich äußerte sich ihr Kind bereits und konnte Bedürfnisse zwar nicht verbalsprachlich, aber per Handführung mitteilen. Die Möglichkeiten und Chancen unterstützender Kommunikation konnte die Mutter erst nach und nach durch konkrete Alltagsschilderungen sehen. Da sie merkte, dass ihr Kind sich durch Alternativen verständlich mitteilen konnte, verringerte sich ihr eigener Druck und veränderte ihren Blick auf die Entwicklungsschritte, die ihr Kind schon erreicht hatte.

In der Elternarbeit geht es also wieder um ein Verständnis für die Situation der Eltern sowie um Hilfsangebote, die je nach Bedarf unterschiedlich gestaltet werden können. Manchmal gilt es, das Ungewisse gemeinsam auszuhalten.

3.5 Umgang mit unterschiedlichen Haltungen von Kolleg:innen oder anderen Fachkräften

In einer Einrichtung profitiert man von den unterschiedlichen Erfahrungswerten der Kolleg:innen und dem Austausch untereinander. Jede:r bringt seinen eigenen (beruflichen, aber auch persönlichen) Hintergrund mit und trägt im besten Fall dazu bei, dass man voneinander lernen und sich weiterentwickeln kann, andere Perspektiven einnimmt und so gemeinsam auch einheitliche Lösungsideen im Umgang mit neuen oder brenzligen Situationen findet. Ein Zusammengehörigkeitsgefühl wächst, wenn eine gemeinsame Grundlage besteht.

Es kann sehr fordernd sein, wenn Kolleg:innen andere Vorgehensweisen vorschlagen, ein anderes Verständnis oder eine andere Haltung haben. Nicht selten kommt es zu Konflikten innerhalb eines Teams oder zu einer angespannten Atmosphäre. Jede:r hat eigene Vorstellungen, anderes theoretisches Fachwissen oder praktische Erfahrungen, die als Grundlage einer Vorgehensweise dienen. Im Idealfall können Konflikte professionell direkt oder im Rahmen von Teambesprechungen oder Supervisionen angesprochen und gelöst werden. Es kann ein Verständnis für die andere Person entwickelt und ein einheitliches Vorgehen abgestimmt werden. Ein professioneller Umgang mit Differenzen ist wichtig, um Eltern gegenüber sicher und kompetent auftreten zu können. Gerade bei besonderen Bedarfen des Kindes wird Unsicherheit ausgelöst und Sorgen vergrößert, wenn eine Fachkraft anders handelt als die andere. Dies sorgt nicht nur für Frust oder Irritationen der Eltern, sondern auch für einen selbst. Die Eltern melden dies ggf. auch zurück: »Bei Ihrer Kollegin wäre das so nicht passiert« o. ä. Auch wenn Kritik geäußert wird, kann dieser handlungssicherer begegnet werden, wenn einheitliche Vorgehensweisen festgelegt wurden.

In vielen Einrichtungen ist die Situation grundsätzlich angespannt, weil Personal fehlt oder andere Gegebenheiten den Wunsch einschränken, pädagogisch wertvolle Angebote umzusetzen. Eine offene und wertschätzende Kommunikation ist sehr wichtig und es sollten ausreichende Möglichkeiten für einen Austausch – ohne anwesende und mithörende Kinder – geschaffen werden.

Im Zusammenhang mit Autismus gibt es sehr viele Momente, in denen ein gemeinsames Vorgehen abgestimmt werden sollte. Da ist zunächst die grundsätzliche Frage, wie intensiv eine Betreuung oder Unterstützung in der Einrichtung angeboten werden kann – und welche Rahmenbedingungen es dafür braucht und die Einrichtung dafür zur Verfügung stellen oder von außen (bspw. durch Förderungen oder Therapien) einholen kann. Dies betrifft verschiedene Ebenen, weil es Rahmenbedingungen gibt, die an Kostenübernahmen gekoppelt sind und dann wiederum an eine personelle Verfügbarkeit (bspw. einer Fachkraft mit einer entsprechenden Zusatzqualifikation).

Dies betrifft aber auch die eigene Haltung: Wenn bspw. die Leitung festlegt, dass alle Kinder in der Einrichtung willkommen sind, ist dies eine den rechtlichen Ideen von Inklusion folgende Konsequenz. Wenn aber die Gruppenfachkräfte am Rande ihrer Belastungsgrenze sind, weil mehrere Kinder herausfordernde Verhaltensweisen zeigen, und von der Leitung gesagt wird, »dass sie eben damit umgehen müssten«, ist niemandem auf lange Sicht geholfen: Der Leitung nicht, weil früher oder später Fachkräfte gehen, den Fachkräfte nicht, die ständig am Limit arbeiten und nur noch Frustsituationen am Arbeitsplatz wahrnehmen, dem Kind und den Eltern nicht, weil es ständig abgeholt werden muss oder nur unter bestimmten Voraussetzungen bleiben darf und es dann eigentlich nur um eine Schadensbegrenzung geht – an eine pädagogische Förderung noch gar nicht zu denken.

Ein offener Umgang mit Unsicherheiten, Überforderungen oder auch Differenzen ist nötig, um eine Klärung zu ermöglichen. Bei Meinungsverschiedenheiten oder Konflikten ist das Gespräch notwendig. Unterschiedliche Meinungen sind nicht falsch oder schlecht, wenn Kindeswohl und -recht beachtet werden. Sie offenbaren verschiedene Herangehensweisen an eine Situation oder eine Schwierigkeit, für die es sicherlich Gründe gibt. Diese gegenüberzustellen, ist häufig eine Bereicherung – wenn dies wertschätzend passiert. Je nach Konzeption gibt es unterschiedliche Wege oder Settings, die man aktivieren kann, um Probleme zu lösen. Falls das direkte Gespräch nicht ausreicht, gibt es interne Besprechungen, Supervision, Gespräch mit der Leitung oder auch übergeordnete Beratungsinstanzen.[43] Die Leitung spielt dabei eine wichtige Rolle, da sie den Bedürfnissen der Mitarbeitenden sensibel begegnen sollte, gleichzeitig aber auch den Anspruch der Eltern, des Trägers und dem gesellschaftlichen und politischen Wunsch nach Inklusion vereinen darf.

Bei unterschiedlichen Haltungen oder einer angespannten Arbeitsatmosphäre ist auch die Selbstfürsorge ganz wichtig. Dazu zählen die Auseinandersetzung mit eigenen Ressourcen und Werten oder auch passende Ausgleichsmöglichkeiten in der Freizeit, um eigene Energiereserven wie-

---

43 Weiterführend z. B. Zito & Martin, 2020 oder Schlee, 2019.

der aufzufüllen. Auch dies kann innerhalb von Teambesprechungen thematisiert werden, um gestärkter mit fordernden Situationen umgehen zu können. Ein hohes Maß an Selbstreflexion hilft, seine eigene Erwartung oder Bedürfnisse wahrzunehmen und zu hinterfragen, an welcher Stelle welcher Energieaufwand sinnvoll ist (und wo nicht).

Innerhalb der Gesellschaft wird »Autismus« ganz unterschiedlich wahrgenommen. Durch die Präsenz in den Medien, aber auch durch die Zunahme an Diagnosen existieren unterschiedliche Erfahrungen und Einschätzungen. Da die Aufgaben innerhalb einer Kindertageseinrichtung im Wandel sind, weil immer neue Anforderungen dazu kommen oder sich ändern (bspw. durch Fluchtbewegungen, Pandemie, Fachkräftemangel, …), sind diese mittlerweile sehr komplex geworden. Zunehmend fallen Kinder aufgrund ihrer Verhaltensweisen auf, die Eltern hinterfragen und erwarten, dass sich die Fachkräfte im Kindergarten mit allen möglichen Besonderheiten auskennen und für jede Herausforderung eine Lösung anbieten können. Es gibt Fachkräfte, die sich bereits ein Grundwissen über Autismus angeeignet haben. Es gibt auch Fachkräfte, die skeptisch sind aufgrund der allgemeinen Zunahme an Diagnosen und Anfragen bezüglich Autismus (Stichwort: »Modediagnose« fällt immer wieder). Ein einheitlicher Wissensstand kann helfen, um eine Basis eines gemeinsamen pädagogischen Handelns zu haben. Beratungen oder Fortbildungen (bspw. von externen Autismus-Zentren[44]) können vermitteln und einheitliches Vorgehen begünstigen.

---

44 Bspw. bietet autismus Deutschland e. V. zu vielen Themen rund um Autismus Fortbildungen (auch digital) an (https://www.autismus.de/).

3.6 Gezielte Unterstützungsimpulse und Anregungen für Kindertageseinrichtungen nach Fähigkeitsbereichen

Zur Betreuung des Kindes im Rahmen einer Kindertageseinrichtung gehört auch eine Förderung im Hinblick auf die Einschulung – schließlich ist ein Bildungsauftrag kommuniziert. Je nach Träger oder Konzeption variieren Angebote oder Inhalte, aber der allgemeine Bildungsauftrag gilt für alle Einrichtungen.

Im Zusammenhang mit Autismus bedeutet eine Förderung, Fähigkeiten zu vermitteln und Brücken zu bilden, damit die Kinder mit Autismus in einer überwiegend nicht-autistischen Welt besser zurecht kommen können. Es geht nicht darum, »den Autismus wegzumachen«, sondern darum, Schwierigkeiten zu überwinden. Dabei muss nicht nur das autistische Kind betrachtet werden, sondern auch das Umfeld und die Rahmenbedingungen. Gerade, wenn ein Mensch eigene Grenzen erreicht, ist es wichtig, dass Veränderungen im Umfeld verwirklicht werden, um eine Entlastung oder Lösung einer Schwierigkeit zu erwirken. Hierbei ist zu berücksichtigen, was Umfeldpersonen zuverlässig leisten können. Es reichen oft schon kleine Unterstützungsimpulse, ein erweitertes Verständnis und eine erhöhte Akzeptanz aus, um eine förderliche Umgebung zu schaffen, in denen das Kind seine Entwicklungspotentiale entfalten kann.

Aufgrund der Diagnose sind weitere und gezielte Unterstützungsangebote möglich, z. B. durch externe Träger (Frühförderung, Autismustherapie u. a.). Da das Kind allerdings i. d. R. täglich für mehrere Stunden in der Kindertageseinrichtung ist, erscheint es sinnvoll, dass es auch dort eine den Bedürfnissen angepasste Begleitung erfährt. Weil häufig mit längeren Wartezeiten zu rechnen ist, bevor eine Therapie oder Förderung umgesetzt werden kann (▶ Kap. 2.5), sollten die pädagogischen Fachkräfte über ein Grundwissen der Diagnose verfügen und über erste Ideen, förderliche Rahmenbedingungen oder Angebote für das Kind zu schaffen. Eine gezielte Förderung oder Therapie hat den Vorteil, dass in einer reizarmen 1:1-Situation ausprobiert werden kann, was klappt und helfen kann. Was im

Einzelsetting funktioniert und hilft, kann perspektivisch auf die Gruppensituation übertragen werden.

Fähigkeiten, die die Kinder in einer bestimmten Situation zeigen oder erlernen konnten, können nicht automatisch auf andere Situationen oder Konstellationen übertragen werden (Generalisierungsschwierigkeiten). Um Fähigkeiten weiter auszubauen und zu festigen, kann reflektiert werden, welche Fähigkeiten ein Kind bereits im Ansatz in welchen Situationen und mit welchen Rahmenbedingungen zeigt (und in welchen nicht). Daher profitiert das Kind von einer engen Zusammenarbeit aller beteiligten Fachkräfte (inklusive der Eltern), um Impulse im Kita-Alltag umzusetzen. Bei Schwierigkeiten oder herausfordernden Verhaltensweisen kann es darum gehen, Sicherheit zu vermitteln, für Entspannung zu sorgen und zunächst zuverlässig und vorhersehbar zu handeln, um später ggf. Variationen einzubauen. Eine Reflexion des pädagogischen Handelns kann Handlungsideen geben: Was mag das Kind und womit spielt es gerne? In welchen Situationen wird es (durch was) gestresst oder zeigt sich überfordert? Was kann verändert werden, damit die Situation für das Kind entspannter und angenehmer ist? Kann ich die gestellte Anforderung verändern, damit das Kind sie bewältigen kann?

> Vermeintliche Kleinigkeiten, und sei es eine kleine Veränderung im eigenen Verhalten, bringen oft schon eine große Wirkung. Die eigene Einstellung und Bereitschaft, etwas zu verändern, machen bereits einen großen Unterschied und können dazu beitragen, dass Kind und Eltern entspannen können.

3.6.1 Schlüsselkompetenzen

Mit Schlüsselkompetenzen sind die Fähigkeiten gemeint, die in der Entwicklung grundlegend sind, weil sie Ausgangspunkt und teilweise auch Voraussetzung für weitere Entwicklungsschritte sind. Kinder mit Autismus zeigen bestimmte Fähigkeiten nicht bzw. nicht so, dass die nächsten Schritte der Entwicklung gegangen werden können, die Entwicklung ist gehemmt. Daher ist die Förderung der Schlüsselkompetenzen besonders

3.6 Unterstützungsimpulse und Anregungen nach Fähigkeitsbereichen

sinnvoll, um die Grundlage für weitere Fähigkeiten zu legen. Gerade in der frühen Kindheit können durch Förderimpulse und das Schaffen geeigneter Rahmenbedingungen Anlässe für die Entwicklung gegeben werden.

Autistische Kinder zeigen ggf. Schwierigkeiten im Blickkontaktverhalten. Sie sehen andere Menschen nicht oder nur flüchtig an. Dadurch entgehen ihnen wertvolle Informationen: Die Blickrichtung eines Menschen kann Wünsche oder Handlungsabsichten verdeutlichen. Dies ist in sozialen Situationen relevant, weil das eigene Verhalten auf die Bedürfnisse des/der anderen abgestimmt werden muss. Non-verbale Kommunikationsformen wie Mimik oder Gestik werden ebenfalls nicht erkannt, wenn kein oder kaum Blickkontakt aufgenommen wird.

Die eigene Haltung muss hierbei zunächst hinterfragt werden. Eine gesellschaftliche Erwartung ist, dass man sein Gegenüber anschaut, wenn man mit ihm/ihr redet. Autistische Kinder entscheiden sich bei einem auffälligen Blickkontaktverhalten nicht bewusst dagegen, »um zu provozieren«, sondern müssen erst die Vorteile lernen, Blickkontakt aufzunehmen, und ein »angemessenes« Blickkontaktverhalten erlernen.

Beispiel: Vorschnell Schlüsse ziehen

Ein Junge mit Autismus spielt mit Bauklötzen auf dem Bauteppich. Ein Erzieher tritt in den Raum und verkündet, dass aufgeräumt werden soll – das Wetter ist schön, sodass es vor dem Mittagessen noch auf das Außengelände geht. Der Junge spielt weiter und baut mit den Bauklötzen weiter. Der Erzieher wird im entstehenden Trubel ungeduldig, spricht den Jungen direkt an, der aber weiter in seinem Spiel vertieft ist. Der Erzieher ist ungeduldig und sagt der Kollegin, dass der Junge schon wieder nicht hört.

In dem Beispiel kommen mehrere Faktoren zusammen. Wichtig ist jedoch, dass der Junge sich höchstwahrscheinlich nicht bewusst dazu entscheidet, eine Aufforderung nicht umzusetzen. Vermutlich hat er die Aufforderung nicht wahrgenommen oder verstanden. Seine Aufmerksamkeit ist auf sein Spiel gerichtet. Hilfreich könnte sein, wenn der Erzieher zu ihm hingeht, sich vor ihm positioniert und ihn direkt auf die spontane Planänderung aufmerksam macht. So ist es einfacher für das Kind, seinen Fokus auf das

Geforderte zu lenken. Das Kind macht es nicht absichtlich, auch wenn es sich als Fachkraft so anfühlen kann. Hier helfen eine passende Selbstreflexion sowie Austausch untereinander.

Durch das Aufgreifen der Interessen des Kindes kann eine Motivation geschaffen werden, einem anderen Menschen in die Augen zu schauen. Dies kann man sich in einfachen Interaktionsmomenten vornehmen und so das Blickkontaktverhalten spielerisch ausbauen. Blickkontakt ist wichtig, weil ein Kind Lernmöglichkeiten hat, wenn es anderen Menschen zusieht. Dazu kann unterstützend sein, sich gegenüber zu positionieren oder interessante Materialien auf Kopfhöhe zu halten bzw. zu geben. Auch kann in einfachen Situationen das eigentliche Handeln gestoppt werden. Dann wird das Kind vermutlich versuchen, die gewünschte Handlung fortzusetzen, etwa durch Aufnahme von Blickkontakt – bspw. wird beim Schaukeln in einer Hängematte gestoppt und erst, wenn das Kind Blickkontakt aufnimmt, wird weiter Anschwung gegeben.

Die Fähigkeit, beobachtete Handlungen bei anderen zu imitieren, ist ebenfalls wichtig für die Entwicklung. Autistische Kinder zeigen häufig wenig Imitationsverhalten. Durch das Wiedergeben von beobachteten Verhaltensweisen lernen Kinder jedoch, dass ihr Handeln eine Wirkung hat und sie auf andere Einfluss nehmen können in sozialen Situationen. In Kitas gehören diese Angebote in unterschiedlichen Situationen dazu, bspw. in Sing- oder Fingerspielen, die durch motorische Bewegungen begleitet werden. Um Imitationsverhalten anzuregen, können Situationen gewählt werden, die das Kind besonders interessieren oder motivieren. Es kann hilfreich sein, mit direkten Aufforderungen ein Nachahmen anzuregen.

Beispiel: Imitieren

Beim Spielen auf dem Außengelände hat eine Erzieherin Seifenblasen dabei. Ein autistisches Mädchen beobachtet sie interessiert und zeigt sich freudig, wenn Seifenblasen entstehen. Die Erzieherin nutzt das Interesse des Kindes. Nachdem sie gepustet hat, hält sie den Stab zum Kind und sagt:»Jetzt du. Puste mal!« – so entstehen ein erstes Abwechseln und ein Ablauf, den das Kind versteht und umsetzen kann. Durch die freudige Reaktion und das Lob der Erzieherin auf das ge-

3.6 Unterstützungsimpulse und Anregungen nach Fähigkeitsbereichen

wünschte Verhalten des Kindes hin macht es eine positive Erfahrung und wird bestärkt. Auf dieses erste Verständnis kann aufgebaut werden, sodass in unterschiedlichen Situationen immer komplexere Aufforderungen zum Imitieren entstehen können.

Wichtig ist auch hier, dass das Kind zum einen eine positive Erfahrung macht und zum anderen bestärkt wird, wenn es die Anforderung umsetzen konnte.

Bei der Beratung der Eltern geht es darum, zu überlegen, wie sie Situationen im Alltag nutzen können, um die Fähigkeiten des Kindes aufzugreifen. Dabei profitieren die Eltern, wenn man Vorgehensweisen so konkret wie möglich beschreibt. Es kann zielführend sein, wenn eine alltägliche Spielsituation des Kindes von den Eltern beschrieben wird, um gemeinsam zu überlegen, wie die Eltern sich in dieser Situation verhalten können, um die Schlüsselkompetenzen ihres Kindes zu unterstützen.

Beispiel: Positive Auswirkungen von Impulsen für die Eltern

Ein Vater eines autistischen Jungen berichtete davon, dass sein Sohn nach dem Besuch der Kita zuhause in seinem Zimmer spiele und sich so lange Zeit auch alleine beschäftigen könne. Er habe Zugriff auf alle Spielsachen und könne diese eigenständig nehmen. Das sei einerseits gut, weil er wichtig findet, dass sein Sohn selbstständig agiere, andererseits fragte er sich, wie er Situationen schaffen könne, in denen sein Sohn auf ihn zugeht oder er ihn fördern kann.

Nach entsprechender Beratung räumte er zunächst einige Spielsachen in Kisten und lagerte sie aus. Der Sohn war also zunächst aufgefordert, auf den Vater zuzugehen, wenn er bestimmte Spielsachen haben wollte. Dies verunsicherte den Jungen zunächst – es war anders als vorher und schränkte ihn zunächst ein. Weil er dann aber lernte, dass er nach bestimmten Spielmaterialien fragen muss, konnte er so auch andere Bedürfnisse/Beschäftigungswünsche äußern. Der Junge merkte, dass er durch Kommunikation etwas erreichen kann, was den Sinn von Kommunikation für ihn verstärkte. Daneben wurde mit dem Vater besprochen, wie er in Interaktionen Schlüsselkompetenzen unterstützen kann, wie z. B. sich vor seinen Sohn auf Augenhöhe positionieren, um Blickkontaktverhalten zu erleichtern, erst einmal mitzuspielen und kleine Impulse in das Spiel zu integrieren.

In vielen Situationen können mehrere Entwicklungsbereiche gezielt angesprochen werden. Fähigkeiten greifen ineinander über und lassen sich in Alltagssituationen schwer in einzelne Fähigkeitsbereiche trennen. So ist in sozialen Situationen immer auch Kommunikation enthalten. Mit kleinen Impulsen oder Angeboten können wichtige Entwicklungsschritte angestoßen oder unterstützt werden. Wichtig ist, sich zu überlegen: Wo steht das Kind, also welche Fähigkeiten hat es schon erlernt, was wäre der nächste Schritt und wozu benötigt das Kind diesen nächsten Schritt? Dann kann eine passende Intervention überlegt werden, um das Kind zu fördern. Passende Therapieangebote sind je nach individuellem Bedarf sinnvoll, dennoch können vermeintliche Kleinigkeiten innerhalb der Alltagsbegleitung auch große Auswirkungen haben – und wenn es »nur« das kurze Innehalten bei einer Aktivität ist, um das Kind zu fordern, auf sein Bedürfnis aufmerksam zu machen, und die Erfahrung zu machen, dass es etwas mit seinem Verhalten bewirken kann (zur Förderung von Schlüsselkompetenzen z. B. Rogers & Davis, 2014).

3.6.2 Kommunikation

Es kann unterschiedliche Schwierigkeiten bezüglich des Kommunikationsverhaltens autistischer Kinder geben (▶ Kap. 1.2). Wenn das Kind eine altersentsprechende Verbalsprache entwickelt hat, können Missverständnisse entstehen, weil es vor allem den Sachinhalt einer Nachricht aufnimmt oder Gesprochenes wörtlich nimmt und/oder Schwierigkeiten hat, bildliche Sprache zu verstehen. Es hilft, wenn die pädagogischen Fachkräfte einerseits ihr eigenes Kommunikationsverhalten hinterfragen: Spreche ich direkt, gerade, wenn es um die Bewältigung einer Aufgabe oder Anforderung geht? Drücke ich mich nachvollziehbar aus oder sind Mehrdeutungen möglich? Müssen vorhandene Regeln noch einmal kommuniziert werden? Sind die »Selbstverständlichkeiten«, also, wie man in der Einrichtung agiert, wirklich so nachvollziehbar und klar für alle Kinder? Kinder im Autismus-Spektrum zeigen häufig ein heterogenes Entwicklungsprofil. Das bedeutet, sie können in einem oder einzelnen Entwicklungsbereichen durchschnittliche oder sogar überdurchschnittliche Fähigkeiten entwickeln und in anderen Entwicklungsbereichen unterdurchschnittliche Fähigkeiten zeigen. Gerade, wenn sie dann sehr ausgeprägte sprachliche und ggf. auch kognitive Fähigkeiten zeigen, neigt man dazu, davon auszugehen, dass sie auch in anderen Entwicklungsbereichen entsprechende Fähigkeiten besitzen. Nur, weil das Kind sich sehr gut ausdrücken kann, heißt es nicht, dass es alles Gesprochene nachvollziehen und umsetzen kann.

Auch Erklärungen für bestimmte Situationen können helfen, Missverständnisse zu reduzieren. Es kann dem Kind helfen, wenn es bspw. bildliche Ausdrucksweisen oder Redewendungen erlernt und unterstützt wird, in bestimmten Situationen Irritationen angemessen anzusprechen, um so darauf hinzuweisen, dass es ggf. eine Übersetzung der Situation benötigt, vor allem, wenn die Anteile der indirekten Kommunikation (über emotionale Stimmung, Gestik, Mimik u. a.) bedeutend sind.

Beispiel: Heterogene Entwicklung

Ein Junge im Kindergarten (kurz vor Schuleintritt) konnte sehr ausdrucksstark kommunizieren. Er sprach »wie ein kleiner Professor«, so wurde er beschrieben, wirkte clever und zeigte sich interessiert an komplexeren Themen, konnte sich viel merken und sein Wissen auch wiedergeben. Seine Redeanteile waren groß – es sprudelte nur so aus ihm heraus. Ob sein Gegenüber noch interessiert zuhörte oder durch z. B. seine Köpersprache (Wegguckchen, Abwenden, ...) steigendes Desinteresse signalisierte, bemerkte er nicht. Er verstand nicht, was los war, aber nahm wahr, dass immer mehr Kinder und auch Erwachsene ihn nicht mehr ansprachen. Dies irritierte ihn – anfänglich fanden ihn alle charmant und nahmen sich Zeit.

Er benötigte die Übersetzung seines Verhaltens und seiner Wirkung auf andere und profitierte von (kindgerechten) Ideen, z. B. durch Bildergeschichten oder Figurenspiel, wie eine gelungene Kommunikation klappen kann: ausgewogene Redeanteile, Interesse am Thema seines Gegenübers zeigen, Signale der anderen Person wahrnehmen usw. Dies lernte er auf einer kognitiven Ebene, was seinen Fähigkeiten entsprach. Das *intuitive* Wahrnehmen der Reaktionen und das Anpassen seines Verhaltens darauf gelang ihm nicht. Die direkte Rückmeldung, was in Gesprächen passiert, half ihm, zu verstehen, was los war, und kommunikative Fähigkeiten auszubauen, um positive Erfahrungen in Gesprächen machen zu können. Davon profitierte er auch für den Wechsel auf die Schule und die Kontaktgestaltung zu anderen Kindern. Er benötigte doch auch hier immer wieder Impulse für eine gelingende Kommunikation mit anderen.

Wenn das Kind keine altersentsprechende Verbalsprache entwickelt hat, gibt es verschiedene Möglichkeiten der unterstützten Kommunikation. Es kann lernen, durch andere Formen der Kommunikation bspw. Bedürfnisse mitzuteilen. Dass ein Kind sich nicht verständlich ausdrücken kann, führt häufig zu Frust – seine Absichten oder Wünsche werden nicht erkannt. Die Erfahrung, immer wieder nicht verstanden zu werden, kann dazu führen, dass sich das Kind immer mehr zurückzieht und es keine Kommunikationsversuche mehr unternimmt. Es kann auch dazu führen, dass das Kind sich nicht anders zu helfen weiß, als mit herausfordernden Verhaltensweisen zu reagieren, weil es einfach hilflos und überfordert ist.

Manchmal gibt es bereits ein eingespieltes Kommunikationsverhalten: Die Eltern (manchmal auch nur die Mutter oder nur der Vater) wissen (meistens) ganz genau, was das Kind möchte. Dies hat sich dann so eingespielt, dass die Eltern auf Nachfrage zunächst nicht wissen, woran genau sie erkennen können, dass ihr Kind etwas Bestimmtes ausdrücken möchte. Sie können nicht erklären, wie es sich konkret verhält und mitteilt, wenn es bspw. etwas trinken möchte. Wenn die Eltern ihr Kind intuitiv verstehen, ist auch das eine Ressource. Das Kind macht die Erfahrung, dass Äußerungen verstanden werden und es Bedürfnisse erfüllen kann. Die Eltern fühlen sich selbstwirksam, weil sie der/die Expert:in ihres Kindes sind und es verstehen können, auch wenn es nicht-verbalsprachlich kommuniziert. Da aber die Eltern im weiteren Leben ihres Kindes nicht immer anwesend sind, um zu übersetzen, und Bedürfnisse komplexer werden, ist es notwendig, eine Kommunikationsstrategie anzubieten, die möglichst personenunabhängig und situationsunabhängig verstanden werden kann. Das Kind soll schließlich auch in weiteren Situationen das Gefühl bekommen,

3.6 Unterstützungsimpulse und Anregungen nach Fähigkeitsbereichen

verstanden zu werden, positive Erfahrungen sammeln und sich möglichst unabhängig und selbstständig von den Eltern entwickeln. Dafür können unterschiedliche Strategien Anwendung finden. Zunächst ist durch Beobachtung und Befragung der Eltern festzustellen, wie sich das Kind bereits mitteilt, also ob es schon funktionierende Strategien gibt. Diese können aufgegriffen und erweitert werden.

Im Rahmen der unterstützenden Kommunikation werden zwischen körpereigenen und externen Formen unterschieden. Körpereigene Kommunikationsformen sind z. B. Kommunikation über die Atmung, über Blicke, Gestik, Gebärden, Laute und auch die Lautsprache. In vielen Einrichtungen werden bspw. bestimmte Inhalte oder Signalwörter (z. B. »Bitte«, »Hilfe«, oder »Essen« oder »Trinken«) mit den dazugehörenden Gebärden unterstützt. Zu den externen Kommunikationsformen zählen elektronische und nicht-elektronische Hilfsmittel (vgl. Erdélyi et al., 2022).

Ein Austausch und eine Abstimmung der Umfeldpersonen sind sehr wichtig. Wenn eine Kommunikation als Unterstützung wahrgenommen und angenommen wird, können die anderen Umfeldpersonen profitieren und auch in ihrem Setting entsprechende Unterstützung anbieten. Nicht-elektronische Kommunikationsformen sind bspw. die Nutzung von Bildkarten oder Piktogrammen zur Kommunikationsunterstützung[45]. Elektronische Hilfsmittel können einzelne Taster sein, die durch Drücken zuvor aufgenommene Wörter oder Sätze wiedergeben (bspw. »Ich brauche Hilfe«). Hier gibt es viele Modelle, die auch komplexer werden können, bis hin zu einer Kommunikationssoftware auf einem Tablet. UK[46]-Hilfsmittelberatungen können in Anspruch genommen werden und helfen bei der Findung einer individuell passenden Kommunikationsform, weisen Umfeldpersonen ein und unterstützen bei dem Beantragungsprozess.[47]

Bei nicht-verbal kommunizierenden Kindern ist die Einschätzung einer Form der unterstützten Kommunikation sowie die Anbahnung häufig in

---

45 Piktogrammsammlungen gibt es z. B. (kostenpflichtig) bei https://metacom-symbole.de/.
46 UK = Unterstützte Kommunikation.
47 Viele UK-Hilfsmittelberatungen haben Berater:innen deutschlandweit. Beispiele für UK-Hilfsmittelberatungen/Anbieter: Prentke Romisch, RehaVista, Talk-Tools.

den Händen von Therapeut:innen oder Förderkräften. Dies ergibt einerseits Sinn, da es unterschiedliche Methoden gibt, die Vorgehensweisen theoretisch begründet sind und mit entsprechender Kenntnis angewandt werden sollten. Das Kind kann in einer reizärmeren Situation eine unterstützende Kommunikationsform kennenlernen und erlernen. Andererseits können Fachkräfte in Kindertageseinrichtungen wertvoll unterstützen: Sie beobachten das Kind, kennen das Kind und wissen bereits, wie es sich mitteilt, sodass durch diese Erkenntnisse die Auswahl einer passenden Kommunikationsstrategie erleichtert sein kann. Um das Kommunikationsverhalten des Kindes zu unterstützen, sodass es Bedürfnisse äußern kann, können Bildkarten helfen, aus denen das Kind auswählen kann. Gerade bei einer (langen) Wartezeit bis zum Beginn einer intensiven Förderung oder Therapie kann über Bildkarten eine Bedürfnisäußerung erleichtert werden. Es ist darauf zu achten, das Kind nicht zu überfordern, sondern eine angemessene Auswahl für einzelne (besonders problematische) Situationen zu treffen.

Es ist wichtig, dass sich die Personen, die mit dem Kind tagtäglich zu tun haben, auch mit der Kommunikationsform auskennen und diese im Alltag des Kindes umsetzen – oder bereit sind, sich einzuarbeiten. Bei der Auswahl ist auf Einheitlichkeit zu achten: Es gibt schließlich unterschiedliche Piktogrammsammlungen und auch unterschiedliche Gebärden. Wenn das Kind in der Kita bestimmte Piktogramm-Karten zur Kommunikation kennen lernen konnte, ist es sinnvoll, genau diese Piktogramme (zu den passenden Situationen) auch ins häusliche Umfeld zu übertragen – oder umgekehrt.

Dazu gilt es, ein sprachliches Vorbild zu sein. Handlungen des Kindes sollten verbal begleitet werden, um den aktiven und passiven Wortschatz des Kindes zu unterstützen. Manche Kinder profitieren davon, wenn man die gleichen Wörter für gleiche Abläufe verwendet und zunächst weniger variiert, bspw. immer dieselben Wörter verwendet, die bei mehreren Abläufen eingesetzt werden (bspw. »fertig«, »nochmal« usw.).

3.6.3 Wahrnehmung

Wie oben beschrieben, wird die Autismus-Spektrum-Störung auch als Störung der Wahrnehmungsverarbeitung definiert (▶ Kap. 1.2). Autistische Menschen zeigen häufig Unter- oder Überempfindlichkeiten in den verschiedenen Sinnessystemen. Das Gehirn verarbeitet permanent Reize. Unterempfindlichkeit signalisiert dabei (vereinfacht dargestellt), dass »zu wenig« Reize wahrgenommen/verarbeitet werden, bei Überempfindlichkeit sind es »zu viele«. Kommt es zu einer Überempfindlichkeit, können Maßnahmen überlegt werden, um zu beruhigen. Bei einer Unterempfindlichkeit kann es darum gehen, weiter anzuregen, also mehr Reize anzubieten.

Zunächst ist wichtig zu wissen, dass das Verhalten des Kindes aus einer Unter- oder Überempfindlichkeit resultieren kann. Entweder kann es dies selbst äußern oder darauf hinweisen (bspw., dass es viel zu laut sei) oder anhand des Verhaltens beobachtet werden.

> Verhalten, das auf eine Unter- oder Überempfindlichkeit hindeutet, ist unbedingt ernst zu nehmen. Das Kind jammert nicht oder stellt sich nicht an – es nimmt anders wahr und das kann sehr anstrengend sein. Ziel ist dann nicht, dass das Kind bspw. den Reiz aushält, sondern unangenehme Reize zu entfernen oder zu reduzieren.

Der Austausch mit den Eltern ist auch hier wertvoll, weil sie ihr Kind in anderen Situationen erleben und auf Erfahrungswerte zurückgreifen können – um also zum einen zu erkennen und zum anderen auf bewährte Strategien zurückzugreifen.

Wenn man Über- oder Unterempfindlichkeiten erkannt hat, kann man Strategien oder Interventionen planen. Es gibt auch verschiedene Therapien oder Konzepte (bspw. Sensorische Integration, vgl. Ayres, 2016), die initiiert werden können. Wichtig ist, dass es bei der Förderung im Rahmen der Kindertageseinrichtung nicht darum geht, Therapien durchzuführen oder gar zu ersetzen. Entsprechende Fachkräfte haben u. a. zeitlich intensive Weiterbildungen besucht, um theoretisch fundiert in einem bestimmten Setting mit entsprechenden Rahmenbedingungen ein therapeutisches Konzept durchführen zu können. Im Rahmen der Unterstützung in der Kindertagesstätte geht es um ein erweitertes Verständnis für die Verhaltensweisen des Kindes, um Impulse für den Kita-Alltag, Angebote für die Kinder und auch das Wissen, auf professionelle Ansprechpartner:innen verweisen zu können. Die Angebote ersetzen keine Therapie.

Beispiele bezogen auf die verschiedenen Wahrnehmungsbereiche

Auditiv (hören)

Überempfindlichkeit kann man erkennen (wenn das Kind es nicht von sich aus äußern kann), wenn das Kind in Lärm-Situationen in der Gruppe überfordert oder verängstigt wirkt oder diese Situationen meidet. Die damit verbundene Anspannung kann auch als herausforderndes Verhalten gezeigt werden. Situationen morgens beim Ankommen, beim Mittagessen, beim Kreis oder in der Garderobe können als besonders anstrengend wahrgenommen werden, weil es viele unterschiedliche und häufig laute Geräusche sind, die zusammenkommen. Es ist irritierend, wenn ein Kind, das überempfindlich im auditiven Kanal wahrnimmt, selbst laut ist. Für manche Kinder ist dies ein Mechanismus, um alles andere (überfordernde) zu übertönen, um selbst die Kontrolle über den Reiz zu haben (»was ich erwarte und steuern kann, überrascht mich weniger«).

Bei einer Überempfindlichkeit hilft alles, was Geräusche reduziert: Es kann helfen, trubelige Situationen übersichtlicher zu gestalten. Das Kind könnte bspw. zuerst oder zuletzt in den Waschraum oder in die Garderobe geschickt werden, wenn insgesamt weniger Kinder dabei sind. Wenn man weiß, dass laute Geräusche ertönen, kann das Kind vorgewarnt werden (bspw. Gartenpflegearbeiten, Handwerkerarbeiten oder der Probe-Feueralarm). Die Einrichtung sollte überprüft werden auf Schallschutz (bspw. helfen Schallschutzdecken). Auch Teppiche/Wandteppiche schlucken Lärm und können für ein angenehmeres Umfeld sorgen. Das Auslegen von Stoff oder Teppichresten in Spielzeugkisten verringert ebenfalls Lärm, der beim Aufräumen entsteht.

3.6 Unterstützungsimpulse und Anregungen nach Fähigkeitsbereichen

Beim Spiel auf dem Außengelände kann es entspannter sein, weil sich der Lärm verteilt bzw. nicht durch Wände und Decke widerhallt. Auch Pausen von der Geräuschkulisse helfen, indem sich das Kind bspw. in einen ruhigen Raum zurückziehen kann.

Dem Kind könnten Lärmkopfhörer zur Verfügung gestellt werden. Hörakustiker:innen können individuell beraten, welche Hilfsmittel geeignet sind, um bestimmte Frequenzen auszublenden. In einer Einrichtung profitieren auch andere Kinder, wenn mehrere Lärmschutzkopfhörer vorhanden sind, die von allen Kindern genutzt werden können, wenn es ihnen zu laut wird.

Bei Unterempfindlichkeit kann das Kind wenig oder nicht auf eine Aufforderung reagieren. Es kann Schwierigkeiten beim Spracherwerb geben. Es gibt Kinder, die sich allerdings aufgrund von einer Überempfindlichkeit »abschotten« und aufgrund dessen wirken, als seien sie auditiv unterempfindlich. Man kann dies anhand der Reaktion des Kindes auf laute Geräusche beobachten: Ist es davon noch mehr zurückgeschreckt oder gestresst, ist eine Überempfindlichkeit wahrscheinlicher. Reagiert es jedoch kaum, kann eine Unterempfindlichkeit vorliegen. Dann können visuelle Verstehenshilfen das Kind unterstützen (vgl. z. B. Girsberger, 2023).

Visuell (sehen)

Bei einer Überempfindlichkeit können bspw. grelle Lichtverhältnisse unangenehm empfunden werden oder Reflektion der Sonnenstrahlen. Auch weißes Papier oder ein heller Hintergrund beim Tablet oder Handy können die Wahrnehmung beeinflussen.

Es kann helfen, wenn das Kind eine Sonnenbrille trägt. Auch Verdunklungsvorhänge schirmen überfordernde Reize ab. Bei der Wahl von Raumelementen kann beachtet werden, dass eher ruhigere Farbtöne bzw. einfarbige Elemente gewählt werden, um Reize zu minimieren. Dazu kann bei den Lampen auf gedämmte Glühbirnen zurückgegriffen werden und weniger bspw. auf Neonröhren oder kaltweiße LED-Lampen.

Bei einer Unterempfindlichkeit können Kinder Reize suchen, bspw. indem sie sehr nah an kreisende oder blinkende Objekte herangehen und zuschauen. Die Verarbeitung kann verzögert stattfinden. Diese Kinder profitieren von Angeboten, die visuelle Reize liefern und bspw. blinken oder sich drehen. Konkrete Materialien dazu sind Kreisel unterschiedlichster Art, Sandspiele, Lichter oder Lampen mit Farbübergängen, Wassertornado (bspw. auch mit Glitzer oder mit Reis), Kaleidoskop usw.

Olfaktorisch (riechen)

Bei einer Überempfindlichkeit zeigt ein Kind Vermeidungsverhalten. Es nimmt (bestimmte) Gerüche als zu stark und als unangenehm wahr. Konsequenz ist häufig, dass das Kind bestimmte Situationen vermeidet, die damit zusammenhängen. Es geht dann darum, das Verhalten des Kindes zu verstehen, also zu überlegen, warum es sich so verhält (wenn es sich nicht verbalsprachlich selbst dazu äußern kann). Auch hier ist es wichtig, das Verhalten ernst zu nehmen. Gegebenenfalls lassen sich Reize vermeiden, wie bspw. der Duft eines Objekts in der Einrichtung (bspw. Pflanzen). Man kann auch auf geruchsarme Seife oder Waschmittel umsteigen.

Bei einer Unterempfindlichkeit sucht das Kind starke Reize oder nimmt diese auf einem anderen Kanal auf (bspw. in den Mund nehmen). Es können Alternativen angeboten werden, also starke Reize, mit denen sich das Kind auseinandersetzen darf (z. B. Kräuter oder Parfums).

Gustatorisch (schmecken)

Bei einer Überempfindlichkeit können bestimmte Lebensmittel vermieden werden. Auch das Zähneputzen kann dadurch beeinflusst werden. Nach dem Verständnis für das Verhalten des Kindes kann kleinschrittig experimentiert werden, um eine Flexibilität anzuregen (z. B. Zahnpasta mit unterschiedlichen Geschmacksrichtungen anbieten).

3.6 Unterstützungsimpulse und Anregungen nach Fähigkeitsbereichen

Bei einer Unterempfindlichkeit kann es dazu kommen, dass ein autistisches Kind sehr starke Reize sucht oder auch nicht Essbares zu sich nimmt. Da dies gefährlich werden oder auch gesundheitliche Folgen haben kann (z. B. Vergiftungen), ist es sinnvoll, zum einen angemessene (essbare) Alternativen anzubieten, die ähnlich starke Reize liefern, und zum anderen z. B. durch visuelle Hilfen Regeln zu vermitteln, was erlaubt und was verboten ist.

Da Schmecken und Riechen häufig gemeinsam stattfinden, ist es schwer, beides auseinanderzuhalten und voneinander zu trennen.

Beispiel: Essverhalten

Bei Esssituationen kann das Verhalten eines autistischen Kindes auffallen, weil es sich sehr einseitig ernährt. Die Essensangebote in der Kita lehnt das Kind ab. Es können unterschiedliche Gründe dafür vorliegen: ist es der Geschmack, der Geruch, das Aussehen, die Konsistenz, die Temperatur, die Nebengeräusche bei der Esssituation – oder etwas ganz anderes oder mehrere Faktoren zusammen, die eine Rolle spielen? Ein mögliches Ziel ist dann: »Das Kind probiert Speisen aus und erweitert schrittweise die Auswahl an Lebensmitteln«. Um dies zu erreichen, müssen Ideen gesammelt werden, was es momentan daran hindert, angebotene Speisen zu probieren. Dabei gilt es, an ggf. Überoder Unterempfindlichkeiten in der Wahrnehmung zu denken. Hilfreich ist auch die Überlegung, ob das Kind in der Kita mehr Essen probiert als zuhause (oder andersherum) und was es ggf. in bestimmten Situationen daran hindern könnte, mehr/unterschiedliche Gerichte zu essen.

Taktil (fühlen)

Bei einer taktilen Überempfindlichkeit kann es dem Kind schwerfallen, Körperkontakt zuzulassen. Gerade von Eltern kann dies als nachhaltig verletzend geschildert werden, weil ihr eigenes Bedürfnis in Bezug auf ihr Kind nicht erfüllt wird. Sie merken, dass ihr Kind auf z. B. Trostversuche, es in den Arm zu nehmen, abwehrend reagiert, weil es angespannt ist oder dadurch noch verzweifelter wird. Auch alltägliche Situationen wie die Körperpflege können sehr herausfordernd sein, wenn das Kind Berührungen oder Kontakt zu Materialien als sehr unangenehm/zu intensiv wahrnimmt (bspw. Duschen oder bestimmte Nähte auf der Haut bei Kleidung).

In der Kindertageseinrichtung fällt dies dann bspw. beim Händewaschen, im Kontakt zu anderen Kindern oder auch beim kreativen Arbeiten auf. Auch hier hilft ein Verständnis, dass das Kind nicht einfach lernen muss, »so wie alle auch« zu der bestimmten Zeit Hände zu waschen, sondern zunächst geht es darum, wie man das Kind unterstützen kann. Etwa muss ein Kind nicht zwingend mit Fingermalfarbe arbeiten oder es kann dabei bspw. Einmal-Handschuhe tragen dürfen, wenn es den direkten Kontakt ablehnt. Dazu kann hinterfragt werden, ob das Kind mehrfach seine Hände waschen muss oder ob das Händewaschen vor dem Essen ausreicht usw.

Hilfreich kann es sein, wenn das Kind selbst bestimmen kann, wann und wie es mit dem unangenehmen Reiz konfrontiert wird. Manchen Kindern fällt es z. B. leichter, Körperkontakt zuzulassen, wenn sie ihn selbst bestimmen können (abgesehen davon, dass allgemein übergriffiges Verhalten bzw. Körperkontakt aufzudrängen fragwürdig und/oder eine Verletzung der Rechte eines Kindes bedeutet). Wenn das Kind nicht selbst äußern kann, unter welchen Rahmenbedingungen es den Reiz bzw. die geforderte Tätigkeit besser ertragen kann, muss durch Beobachtung und Ausprobieren herausgefunden werden, was hilft oder stressige Situationen entspannen kann.

Bei einer Unterempfindlichkeit in der taktilen Wahrnehmung profitieren Kinder von Angeboten, sich auszuprobieren und wahrzunehmen: Fühlkisten (mit Bohnen, Reis, Kastanien, Bällebad, usw.) oder -straßen (bspw. auch mit den Füßen verschiedene Oberflächen erkunden), Sandspiele, Matschen, Knete oder Teig kneten usw. Das Schmerzempfinden kann dabei auch herabgesetzt sein bzw. können Schmerzen anders wahrgenommen werden, sodass das Kind ggf. nicht auf sich aufmerksam macht, wenn es Schmerzen hat oder verletzt ist – auch, wenn eine Handlung erforderlich ist. Auch eine mögliche Einschränkung sprachlicher Fähigkeiten kann dazu führen, dass ein Kind

Schmerzen nicht verständlich äußern kann (vgl. Schlichting & Gelhaus & Nüßlein, 2023). Fachkräfte sollten dies im Blick behalten und aufmerksam handeln, wenn sie Schmerzen vermuten oder eine Situation beobachten, die Verletzungen verursacht haben könnte.

Beispiel: Umgang mit taktiler Überempfindlichkeit

Ein Mädchen verweigerte in der Kita das Händewaschen. Wenn es in den Waschraum geschickt wurde, rannte es in eine andere Gruppe. Die Eltern berichteten ebenfalls von großen Schwierigkeiten zuhause. Sie müssten schließlich dafür sorgen, dass das Kind bestimmte körperliche Hygiene zulässt, dies kostete aber immer viel Kraft. Die Eltern waren in einer schwierigen Lage, die sie sehr verzweifelte. Gemeinsam wurde überlegt, was helfen kann.

Um die eingefahrene Situation aufzulösen, boten die Eltern dem Kind zunächst ein feuchtes, weiches Tuch an, um die Hände zu säubern. Dies konnte das Kind zulassen. Später wurde eine Schüssel mit Wasser gefüllt, in die das Kind die Hände eintauchen konnte. Auch das konnte es umsetzen. Den Wasserhahn vermied es weiterhin, aber die Eltern konnten entspannter Situationen anbieten, in denen spielerisch Erfahrungen gesammelt wurden, die das Mädchen steuerte. Als das Mädchen herausfand, dass es den Wasserstrahl selbst einstellen und so beeinflussen konnte, dass weniger Wasser mit weniger Druck herausströmt, probierte es aus und konnte dann auch unter fließendem Wasser seine Hände waschen. Ähnliche Erfahrungen brauchte es dann noch im Kindergarten – der Wasserhahn war schließlich anders und das Mädchen musste auch hier Schritt für Schritt die Erfahrung machen, dass es selbst Einfluss nehmen kann.

Verhaltensweisen zeigen sich komplex: Es ist häufig nicht so einfach, Hintergründe für ein Verhalten nachzuvollziehen, oft kommen mehrere Aspekte zusammen. Auch hier lohnt es sich, in viele Richtungen zu überlegen, um eine geeignete Unterstützung zu bieten. Dabei ist abzuwägen, welche Anforderung ein Kind wirklich erfüllen muss, weil sie z. B.

entwicklungsrelevant ist, oder wo sich auch das Umfeld anpassen kann (indem es bspw. Reize wegnimmt).

Beim oben beschriebenen Mädchen stand auch im Raum, ob die Anforderung »Hände waschen« in der Kita nicht mehr gestellt wird, um eine (über-)fordernde Situation wegzulassen. Schnell waren sich aber alle Beteiligten einig, dass es nicht so sehr um das tägliche Händewaschen in der Kita ging (über dessen Notwendigkeit man ggf. diskutieren kann), sondern um die Hygiene im Allgemeinen. Die Eltern schilderten bereits eine Verzweiflung, weil einfache Hygiene-Maßnahmen abgewehrt wurden. Somit mussten eine grundsätzliche Lösung und Strategie her. Das Händewaschen war dann nur ein Aspekt, der durch entsprechende Schritte so gestaltet wurde, dass das Mädchen eine Strategie erlernte, auch mit unangenehmen Reizen umgehen zu können, wovon es auf mehreren Ebenen der Hygiene profitierte und dies später auf andere Bereiche der Hygiene übertragen konnte.

Vestibulär (Gleichgewichtssinn)

Auch in der vestibulären Wahrnehmung können Über- oder Unterempfindlichkeiten vorhanden sein. Am Verhalten des Kindes kann dies beobachtet werden. Wenn ein Kind sich z.B. sehr vorsichtig bewegt, gerade bei Höhenunterschieden, Ebenen, Hügeln, Stufen o. ä., kann eine Überempfindlichkeit in der vestibulären Wahrnehmung vorliegen. Verständnis und Geduld können (neben einer gezielten therapeutischen Unterstützung, z. B. durch Ergotherapie) helfen und dem Kind Sicherheit vermitteln.

Es gibt auch Kinder, die vermehrt Reize suchen, wie sich drehen oder schaukeln, und hier kein Ende finden. Dies kann ein Hinweis auf eine Unterempfindlichkeit sein (vgl. Cornago, 2019).

3.6.4 Emotionale Fähigkeiten

Ein Förderschwerpunkt für autistische Kinder ist der Bereich der emotionalen Fähigkeiten. Kinder lernen in unterschiedlichen Situationen auf mehreren Ebenen, mit ihren eigenen Gefühlen umzugehen, sie zu regu-

3.6 Unterstützungsimpulse und Anregungen nach Fähigkeitsbereichen

lieren, die Gefühle anderer wahrzunehmen und später eigene emotionale Befindlichkeiten an die Situation anzupassen. Autistischen Kindern fällt es häufig schwer, zum einen eigene Gefühle wahrzunehmen und zum anderen die der anderen zu erkennen und ihr Verhalten darauf einzustellen. So kommt es zu Missverständnissen oder Konflikten, die Kinder mit Autismus häufig nicht nachvollziehen können. Sie erkennen den Grund für den Konflikt nicht und erhalten immer wieder negative Rückmeldungen des Umfelds. Dies verunsichert und kann dazu führen, dass ein autistisches Kind ein niedriges Selbstbewusstsein entwickelt. Der Umgang mit Wut oder Frustsituationen fällt den Kindern oft schwer, weil sie über nicht ausreichende Regulationsstrategien verfügen. Auch hier erfahren sie, dass sie anecken oder Grund für eine Eskalation sind, anderen wehtun oder sie verletzen, weil sie keine Kontrolle über ihr Verhalten hatten, sondern alles zu viel war und sie daher im Notprogramm gehandelt haben.

> Daher profitieren autistische Kinder von Angeboten, sie in ihrer emotionalen Kompetenz zu stärken (vgl. Girsberger, 2024). Dies bedeutet auch eine Stärkung der Selbstwahrnehmung und die Anwendung von Strategien, um mit unangenehmen Gefühlen umzugehen. Dabei ist es wichtig, den Kindern zu erklären, dass jedes Gefühl (auch die negativ empfundenen) eine Berechtigung hat. Wenn man sich nicht gut fühlt, ist das ein Signal, dass etwas nicht stimmt.

Nach dieser Bewusstwerdung kann etwas dagegen gemacht und gehandelt werden. Durch visuelle Hilfen, bspw. Smileys oder Skalen unterschiedlichster Art und Gestaltung, kann sich das Kind zunächst mit unterschiedlichen Gefühlen auseinandersetzen, um sie kennen zu lernen. Es gibt viele Bilderbücher, die sich mit der Thematik befassen.[48] Es kann ermuntert werden, die eigene emotionale Befindlichkeit auf eine spielerische Art und Weise einzuordnen und festzustellen, dass es unterschiedlich stark ausgeprägte Gefühlslagen gibt und mehrere Gefühle zusammen existieren

---

48 Z. B. »Das rote Dings« (Al-Ghani, 2015), »Ich und meine Gefühle« (Kreul, 2014), »Wohin mit meiner Wut?« (Geisler, 2014), »Wie ist das mit dem Ärgern?« (Geisler, 2020), »Ein Dino zeigt Gefühle« (Löffel & Manske, 2016).

können. Die Kinder können auch Situationen kennenlernen, die mit der Entstehung eines Gefühls zusammenhängen. Durch Bildergeschichten, durch Bildkarten oder auch entsprechende Spiele[49], in denen Emotionen beinhaltet sind, kann theoretisch über Gefühle kindgerecht aufgeklärt werden. Das intuitive Verstehen gelingt bei autistischen Kindern häufig nicht, daher kann ein logisch-rationaler Weg helfen, Grundkenntnisse theoretisch zu erklären, um sie perspektivisch praktisch in den jeweiligen Situationen anwenden zu können. Der Übertrag des theoretisch Gelernten kann spielerisch in unterschiedlichen Situationen begleitet werden, indem soziale Situationen bzw. die Gefühle von anderen benannt und erklärt werden (bspw.: Das Kind weint, es ist traurig, weil es hingefallen ist). Gerade, wenn ein autistisches Kind »unangemessen« auf Gefühle anderer reagiert, ist es wichtig, ihm die Situation verständlicher zu machen und auch direkt zu benennen, wie es sich »angemessen« verhalten kann. Bildergeschichten oder visuelle Verstehenshilfen können dazu beitragen, dass das Kind nachhaltig ein erweitertes Verständnis über die Situation entwickelt (vgl. Gray, 2014).

Das Spiegeln bzw. die Rückmeldung, welchen Eindruck das Kind macht, kann dem Kind helfen, sich mit seiner eigenen Emotionalität auseinanderzusetzen. Wenn das Kind aufgrund verschiedener Reize besonders angespannt ist, ist eine Selbstreflexion gerade auch für den weiteren Lebensweg notwendig. Wenn es lernt, die eigene steigende Anspannung zu erkennen, kann es perspektivisch Strategien umsetzen, um z. B. einen Wutausbruch zu vermeiden. Auch im Vorschulalter kann ein Kind erkennen, dass Entspannungsstrategien helfen können. Kindgerechte Bilder wie ein Vulkan, dessen Lava steigt und irgendwann ausbricht, oder ein Kochtopf, auf dem großer Druck ist, bis der Deckel wegfliegt (oder andere), können auf kindlicher Ebene altersgerecht ein Verständnis schaffen. Ein Kind hat, wenn es gefragt wird, manchmal auch sehr gute eigene Ideen, was ihm helfen kann, wenn Anspannung zu hoch wird. Dazu fallen auch den Eltern Strategien ein, die schon geholfen haben, die Grundanspannung zu reduzieren.

Wichtig ist dabei zu differenzieren: Bei geringer Anspannung helfen vielleicht andere Strategien, die angeboten werden können, als bei einer

---

49 Z. B. Gefühle-Domino (Bücken-Schaal, 2024).

großen Anspannung, bspw. kurz vor dem Wutausbruch. Im besten Fall findet man verschiedene Vorgehensweisen, die das Umfeld und das Kind umsetzen können, um Anspannungen zu minimieren. Das Umfeld kann z. B. unangenehme Reize wegnehmen, Anforderungen zurücknehmen oder niedrigschwelliger gestalten usw. und das Kind kann – mit Anleitung und entsprechender Unterstützung – eine Pause machen, sich ggf. aus der Situation zurückziehen, für Entspannung sorgende Materialien nutzen (bspw. Reize, die das Kind entspannen: Fidget Toys, Schweredecke, Igelball, Schaukeln usw.).

> Der eigene Umgang mit den Strategien hilft dem Kind, ein positives Bild von Hilfsmaßnahmen auszubauen. So kann die Akzeptanz des Kindes steigen und ermöglichen, dass es auch im späteren Leben auf solche Maßnahmen zurückgreift, weil es gelernt hat, dass diese helfen und positiv besetzt sind.

Angebote, das Kind in seinem Selbstbewusstsein positiv zu stärken, sind sehr wichtig – nicht nur für autistische Kinder. Die Auseinandersetzung mit einer Diagnose, mit dem Gefühl, »anders« zu sein und immer mal wieder anzuecken, Erwartungen nicht erfüllen zu können, beschäftigt autistische Menschen ihr ganzes Leben lang. In der frühen Kindheit ist daher besonders wichtig, dass sie gestärkt werden und positive Erfahrungen machen, auf die sie aufbauen können. Eigene Stärken wahrzunehmen, Erfolge zu haben und positives Feedback zu erhalten, ist für diese Kinder von großer Bedeutung. Das gilt nicht nur in der Kindertageseinrichtung, sondern auch in der Elternberatung und Umsetzung im familiären Bereich.

3.6.5 Soziale Fähigkeiten

In sozialen Situationen wirken Kinder mit Autismus häufig eher unbeholfen. Sie spielen eher für sich, wissen nicht, wie sie in einen »angemessenen« Kontakt treten können, oder es entstehen Missverständnisse. Es wirkt manchmal, als würden sie soziale Situationen meiden. Dieser Eindruck entsteht aber häufig dadurch, dass zum einen Stressfaktoren akut verarbeitet werden müssen, sodass autistische Kinder sich auf sich fokussieren, um mit der Situation umzugehen. Zum anderen fehlt es an Wissen, wie ein Kontakt aufgenommen und gehalten werden kann. Auch aufgrund von negativen Rückmeldungen oder Erfahrungen ziehen sich Kinder mit Autismus zurück und meiden ein weiteres Misserfolgserlebnis.

Die Kinder darin zu unterstützen, ihre interaktiven Fähigkeiten zu erweitern, ist daher notwendig. Im Laufe des Lebens sind Gruppen nicht nur für die eigenen sozialen Bedürfnisse wichtig, sondern es wird auch erwartet, sich in unterschiedlichen sozialen Situationen zurecht zu finden. In der frühen Kindheit können Grundsteine dafür gelegt werden, indem Strategien für Interaktionen vermittelt werden (siehe z. B. Bernard-Opitz, 2014). In z. B. sehr überschaubaren Spielen, die vorhersehbar und nach gleichbleibendem Regelwerk stattfinden (bspw. Tempo kleine Schnecke, Klecksolino o. ä.) kann zunächst das Abwechseln erlernt werden. Autistische Kinder profitieren auch bezogen auf die Vermittlung sozialer Fähigkeiten von direkten Handlungsstrategien. Visualisierungen, bspw. ein Pfeil, der auf dem Tisch liegt und zeigt, wer mit einem Spielzug dran ist, können das Verständnis erleichtern. Einfache Spiele, die einem vorhersehbaren Ablauf folgen, bieten eine Orientierung, weil die Abfolge nachvollziehbar ist. Für das Erlernen grundlegender sozialer Strategien (z. B. abwechseln, tauschen, abgeben) eignen sich daher eher strukturierte Spielsituationen. Später können die Fähigkeiten in eine unübersichtlichere Freispielsituation übertragen werden. Auch das Aufgreifen der Interessen des Kindes kann den Zugang zu erfolgreichen Interaktionsmomenten erleichtern.

Zunächst ist festzustellen, welche Strategien das Kind in welchen konkreten Situationen schon abrufen kann. Ein Kind, welches sich bspw. eher aus sozialen Situationen zurückzieht und sich sehr einseitig mit dem gleichen Spielzeug beschäftigt, kann zunächst beobachtet werden. Perspektivisch profitiert das Kind, wenn es sich flexibler auf Spielangebote einlassen kann. In sozialen Situationen gibt es viele Lernchancen, die dem Kind ansonsten verschlossen bleiben könnten.

3.6 Unterstützungsimpulse und Anregungen nach Fähigkeitsbereichen

Beispiel: Spielverhalten

Ein Junge mit Autismus verbrachte im Kindergarten jede mögliche Zeit damit, auf dem Bauteppich mit der Eisenbahn zu spielen. Es gab mehrere Waggons, die mittels Magneten zusammengesetzt werden konnten. Der Junge handelte immer nach dem gleichen Ablauf: erst ein roter Waggon, dann ein grüner und dann ein schwarzer. Waren die Waggons in der gleichen Abfolge miteinander verbunden, fuhr er auf dem Teppich hin und her. Dann sortierte er die Waggons auseinander, um sie wieder zusammenzufügen. Durch Beobachtungen entstanden verschiedene Ideen, welche Angebote dem Jungen gemacht werden könnten, um sich auf Variationen einzulassen. Sein Spiel beinhaltete verschiedene Elemente: Magnetisches zusammensetzen, aufreihen, hin- und herfahren.

Es wurden ihm andere Spielmaterialien angeboten, die ähnliche Mechanismen hatten: zunächst Magnetspielstäbe und andere Waggons mit batteriebetriebener Lok. Er war interessiert an den anderen Spielmaterialien und konnte sein Spielverhalten variieren.

Wenn sich ein Kind nur auf ein Spielzeug fokussiert oder einen gleichbleibenden Spielablauf hat, können Überlegungen gesammelt werden, um festzustellen: Was ist das Spannende an diesem Spielzeug für dieses Kind? Welche Funktion hat es? Gibt es ähnliche Spielmaterialien, die auch interessant sein könnten? Oder kann das Spiel mit diesem Spielzeug variiert werden – lässt das Kind zu, dass man etwas verändert, oder lässt es sich auf z. B. eine andere Farbe ein?

Schrittweise wird durch sinnvolle Angebote das Interaktionsverhalten ausgebaut. Dabei geht es um Strategien, die den Kindern in alltäglichen Situationen helfen, handlungsfähig mit sozialen Situationen umzugehen. Soziale Zusammenhänge können dem Kind erklärt und übersetzt werden, um Irritationen aufzulösen. Auch vermeintliche Grundsätzlichkeit wie z. B. »ein Kind kann dir nur zuhören, wenn du zu ihm hingehst und du dich zu ihm drehst, abwartest, dass es sich auch umdreht und dann sprichst« gilt es, verständlich zu erklären (vgl. Gray, 2014 oder Baker, 2014). Durch Rollenspiele oder Spielfiguren können Situationen nachbesprochen werden, wenn es Unklarheiten gab. Anforderungen oder mögliche

Auslöser für Konflikte können in ruhigen Situationen mit einem Erwachsenen geübt werden. Dabei ist es sinnvoll, möglichst echte Situationen zu nutzen und Irritationen einzubauen, wie z. B. bei einem Spiel anfangen zu wollen. Innerhalb dieser Situation kann direkt ein mögliches Vorgehen überlegt und umgesetzt werden. Soziale Situationen beinhalten viele mögliche Stolperseine, die autistischen Menschen zum Verhängnis werden können – ohne, dass sie es beabsichtigen oder merken.

Beispiel: Regeln im Miteinander erklären

Ein autistisches Mädchen spielte gerne mit kleinen Figuren – ganz unterschiedlichen. Es hielt sie in ihrer Hand, stellte sie auf Oberflächen, nahm sie wieder und stellte sie woanders hin.

Am Spielzeugtag konnten die Kinder ein Spielzeug von zuhause mit in die Kita bringen. Ein anderes Mädchen hatte an dem Tag ebenfalls Spielfiguren dabei. Das autistische Mädchen war fasziniert und griff sich diese Spielfiguren ebenfalls. Ein Verständnis darüber, dass sie diese nicht einfach nehmen darf, und bei einem Wunsch, damit zu spielen, fragen musste, hatte sie nicht. Dies sorgte bei dem anderen Mädchen für großen Frust. Das autistische Mädchen verstand erst durch entsprechende Aufklärung und Besprechung konkreter Verhaltensweisen, warum es zu einem Konflikt gekommen war.

Bei anderen Kindern oder auch Fachkräften entsteht in solchen Situationen das Gefühl, dass das Kind eigentlich wissen müsse, wie es sich zu verhalten hat, und es bewusst nicht tue. Das trifft bei vielen Kindern mit Autismus allerdings nicht zu. Wenn sie sonst viele Ideen haben und clever wirken, ist es schwer, sich vorzustellen, dass diese Kinder solche »einfachen« Verhaltensregeln nicht kennen oder anwenden können. Sie wissen es tatsächlich nicht und handeln nicht bewusst anders (vgl. Bernard-Opitz, 2014).

Weitere Möglichkeiten, autistische Kinder in ihrer sozialen Entwicklung zu unterstützen, können Angebote sein, in denen sie in einer Gruppe Erfolgserlebnisse erfahren. Vor allem Kooperationsspiele oder -aufgaben eignen sich besonders, da hier kein Wettbewerbsgedanke entsteht, sondern gemeinsam eine Anforderung gelöst werden muss. Dies begünstigt, dass sich das autistische Kind selbstwirksam in Gruppensituationen erlebt und aufgeschlossen bleibt für zukünftige soziale Situationen.

3.6.6 Anpassungsmöglichkeiten des Umfeldes (Strukturierungen und Visualisierungen)

Um dem autistischen Kind Rahmenbedingungen zu schaffen, in denen es sich sicher fühlen kann, kann auch die Einrichtung einige Dinge umsetzen. Wenn das Kind entspannen kann und nicht nur mit einer ständigen Regulation beschäftigt ist, hat es mehr Kapazitäten, sich zu entwickeln und Fähigkeiten zu erweitern. Strukturierungen und Visualisierungen im Sinne von TEACCH®[50] sind dabei konkrete Maßnahmen, von denen autistische Kinder profitieren können (vgl. Häußler, 2022).

Eine Visualisierung ist eine Darstellung einer Situation oder einer Handlung. Auch Regeln oder Handlungsabläufe können visuell gestaltet werden (vgl. Girsberger, 2023). Es geht darum, das Verständnis über eine Begebenheit zu festigen oder erst zu ermöglichen. Die Art der Visualisierung kann ganz unterschiedlich sein: Bilder konkreter Gegenstände, Orte oder Handlungen, Piktogramme oder auch Schrift sind Visualisierungen. Das Abstraktionsniveau des Kindes muss berücksichtigt werden, also welche Art der Darstellung das Kind mit dem Geforderten in einen Zusammenhang bringen kann.

Visuelle Darstellungen sind gleichbleibend, verändern sich nicht im Gegensatz zu mündlich gegebenen Instruktionen, bei denen unterschiedliche Wörter benutzt werden, die Betonung oder Sprechgeschwindigkeit variiert usw. Visuelle Informationen sind außerdem personenunabhängig und halten länger an, weil bspw. eine Bildkarte in der Situation bleibt und mehrfach angeschaut werden kann. Ein Kind kann dadurch ein Verständnis für eine Situation ausbauen. Dazu kann eine Visualisierung in andere Situationen oder in ein anderes Setting wie das häusliche Umfeld

---

50 TEACCH® steht für **T**reatment and **E**ducation of **A**utistic and related **C**ommunication handicapped **CH**ildren. Dieser Ansatz wurde in den USA in den 1970er Jahren entwickelt, um autistische Menschen und ihre Familien darin zu unterstützen, eine größtmögliche Selbstständigkeit und Teilhabe zu generieren.

o. ä. übertragen werden. Außerdem erhöht es perspektivisch die Selbstständigkeit: Hat ein Kind das Verständnis, kann es bspw. eine Abfolge selbstständig ausführen, wenn diese vorher angeleitet wurde. Im besten Fall investiert man anfänglich überschaubar mehr Zeit, damit später weniger Begleitung und damit Zeit notwendig ist.

Es gibt viele Vorlagen oder Ideen, die als Anregung dienen, z. B. im Internet.[51] Wichtig ist, dass eine Visualisierungshilfe individuell passen muss, wenn sie einem bestimmten Kind als Hilfestellung gegeben wird. Die Gestaltung, die Größe, die Art der Darstellung, was beinhaltet ist (und was nicht) muss überlegt und aufgrund der Erfahrungen angepasst werden. Standard-Anleitungen gibt es dazu nicht. Wenn etwas Neues ausprobiert wird, benötigt es Zeit, bis eine Hilfestellung angenommen werden kann. Das Kind benötigt Zeit, sich auf etwas Neues einzustellen und festzustellen, dass dies nun verlässlich so gemacht wird. Nach einer im besten Fall vorher definierten Zeit sollte dann z. B. im Team reflektiert werden, ob die Hilfestellung angenommen wird oder ob sie verändert werden kann oder muss, um besser zu unterstützen.

Beispiele für hilfreiche Visualisierungen sind die Regeln innerhalb der Gruppe. Konkrete Bilder oder Piktogramme von erlaubtem Verhalten oder verbotenen Verhaltensweisen können ein Regelverständnis und eine Regelakzeptanz erhöhen. Handlungsabfolgen können nachvollziehbar machen, was in welcher Reihenfolge zu tun ist, also etwa Abläufe wie der Toilettengang, das Händewaschen, Zähneputzen oder Anziehen. Wenn es feste Sitzplätze gibt, kann ein Bild oder der Name des Kindes auf dem Sitzplatz ebenfalls eine Orientierung bieten. Auch eine Stopp-Karte, die bei unerwünschtem Verhalten gezeigt werden kann, kann eine Orientierung bieten. Häufig wird der Ablauf des Kindergartentages durch Bilder dargestellt. Dies kann eine Hilfe sein – nicht nur für das autistische Kind. Am Verhalten des Kindes merkt man, ob es sich an den allgemeinen Visualisierungshilfen orientiert. Wenn nicht, heißt es nicht, dass eine Visualisierung nicht hilft oder angenommen wird. Dann ist zunächst die Frage, ob die Art der Darstellung für dieses eine Kind verständlich und nachvollziehbar ist, es sich dadurch angesprochen fühlt oder von einer anderen

---

51 Z. B. bei: www.uk-couch.de oder http://www.metacom-symbole.de/downloads.

Visualisierung profitiert (bspw. kleinschrittigerer Ablauf oder konkretere Darstellung).

Beispiel: Visualisierungshilfen individuell einsetzen und kleinschrittig umsetzen

In einer Kita mit offenem Konzept standen den Kindern verschiedene Funktionsräume zur Verfügung. Diese waren offen zugänglich, wenn das Personal entsprechend vorhanden war, die Kinder konnten frei wählen. Dies war für ein Kind mit Autismus eine große Herausforderung. Es hielt sich bevorzugt im Motorikraum auf. Dort kam es wiederholt zu Schwierigkeiten. Zum einen konnte es nicht nachvollziehen, wenn der Raum aufgrund personeller Gegebenheiten geschlossen blieb. Es verharrte vor der geschlossenen Tür und zeigte sich frustriert durch Weinen und Schreien. Zum anderen gab es aufgrund der Raumgröße eine von dem Team definierte Obergrenze, also eine maximale Anzahl an Kindern, die in dem Raum spielen durften. So sollte ausreichend Platz für die Kinder vorhanden sein, um Gefahrensituationen oder Verletzungsrisiko zu verringern und die Aufsichtspflicht zu erfüllen. Diese Regelung war für viele Kinder nachvollziehbar – sie konnten schnell (zum Teil mit Hilfe der pädagogischen Fachkraft) nachzählen, ob noch Platz ist und sie in diesem Raum spielen können. Darüber hinaus gab es weitere Strukturen, die z.B. ermöglichen, dass Kinder auch angeregt werden, andere Räume auszuprobieren. Alle Strukturen sollten die Selbstständigkeit der Kinder anregen.

Die meisten Kinder hatten die bestehenden Regeln verinnerlicht. Sie wurden ggf. mündlich daran erinnert, sie einzuhalten. Das autistische Kind zeigte bei beschriebenen Szenarien ebenfalls eine große Frustreaktion. So wurde überlegt, die bestehenden Regeln visuell zu verdeutlichen. Es wurde zunächst eine Karte erstellt. Auf der einen Seite war der Raum abfotografiert und mit rotem Marker durchgestrichen. Diese Karte wurde an die geschlossene Tür des Motorikraumes geklettet, wenn der Raum geschlossen bleiben musste. Das gleiche Bild wurde auf einer anderen Karte (kleiner) gedruckt, wobei dann ein Pfeil mögliche alternative Beschäftigungsmöglichkeiten zeigte (nach dem Prinzip: »Wenn der Motorikraum zu ist, kannst du ... machen«). Diese zweite

Karte wurde dem Kind in entsprechender Situation gezeigt und es wurde so begleitet, eine Alternative zu beginnen. Das Kind spielte bspw. auch gerne auf dem Außengelände der Einrichtung, sodass zunächst dieses Bild als Alternative gezeigt und entsprechend umgesetzt wurde (»Wenn der Motorikraum zu ist, kannst du auf dem Außengelände spielen«). Dieses Vorgehen konnte das Kind nach und nach annehmen und sich an den Visualisierungshilfen orientieren. Es war später auch möglich, dass es selbst eine Alternative aus mehreren Beschäftigungsmöglichkeiten auswählen konnte – anhand entsprechend zur Verfügung gestellter Bildkarten der anderen möglichen Aktivitäten.

Um das Kind nicht zu überfordern, wurde erst dieses Verhalten unterstützt, weil entsprechende Auslöse-Situationen nicht nur für das Kind, sondern für das gesamte Team belastend waren. Dass das Kind in den Raum ging, obwohl er eigentlich schon voll war, konnte zunächst weiter getragen werden. Dazu wurden die anderen Kinder aufgeklärt bzw. erklärt, dass das Kind die Regel noch nicht versteht und Hilfe braucht, sie umzusetzen. Die anderen Kinder empfanden es zunächst als ungerecht, dass bei dem Kind eine Ausnahme gemacht wurde, konnten aber nachvollziehen, dass jeder Mensch andere Hilfen braucht. Es war wichtig, ihr Ungerechtigkeits-Empfinden wahrzunehmen und zu thematisieren, sodass sie mehr Toleranz und Akzeptanz entwickeln konnten. Später konnte dem Kind ebenfalls durch Visualisierungshilfen diese Regel, die die maximale Anzahl an Kindern vorgibt, verdeutlicht werden. Zunächst wurde eine Ampel abgebildet, bei der ein Pfeil auf die entsprechende Farbe wies und umgeklettet werden konnte. »Rot« bedeutete, dass kein Platz mehr frei war, und »grün« bedeutete entsprechend: freier Platz. Diese Visualisierung verdeutlichte allen Kindern, ob sie in den Motorikraum wechseln konnten. Individuell wurde für das autistische Kind dazu noch visualisiert, was es tun konnte, wenn die Ampel auf »rot« stand. Dabei wurden die bereits genutzten Strategien angeboten, die es umsetzen konnte, wenn der Raum geschlossen war. Den Übertrag dieser Strategien konnte es nicht selbstständig leisten. Es benötigte eine ähnlich kleinschrittige Anleitung, indem zunächst eine konkrete Alternative begleitet wurde, bis auch hier die Auswahlmöglichkeiten ausgeweitet werden konnten. Später nutzte das Kind diese Visualisierungen eher als Orientierung und benötigte überwiegend

3.6 Unterstützungsimpulse und Anregungen nach Fähigkeitsbereichen

keine direkte Begleitung mehr. Dennoch blieben die Hilfen bestehen, um darauf zurückgreifen zu können, wenn das Kind bspw. einen schlechten Tag hatte. Dann erwies es sich weiterhin als große Unterstützung, die das Team entlastete. Darüber hinaus waren sie eine große Unterstützung, wenn z. B. durch Abwesenheiten Springer-Kräfte anwesend waren, die sich dann ebenfalls an den etablierten Strukturen orientieren konnten.

Weitere hilfreiche Maßnahmen sind Strukturierungshilfen. Dies beinhaltet alle Angebote, die dazu dienen, etwas übersichtlicher zu gestalten, sodass auch hier eine Vorhersehbarkeit und eine Orientierung erweitert werden. Jeder Mensch benötigt und benutzt Strukturierungshilfen: den Kalender, die Einkaufsliste, Anleitungen usw. Das gibt Sicherheit. Aufgrund ihrer Schwierigkeiten in der Handlungsplanung (▶ Kap. 1.2 zu exekutiven Funktionen) fällt es vielen Menschen im Autismus-Spektrum schwer, einfache und/oder komplexere Handlungsabläufe zu planen, in sinnvolle Teilschritte zu gliedern und auszuführen. Autistische Menschen profitieren häufig von Strukturierungsmaßnahmen, da diese unübersichtliche Abläufe ordnen und nachvollziehbarer machen. Das Vorurteil, dass Strukturierungshilfen starr und unflexibel seien, kann entkräftet werden. Durch das Vorhandensein von Strukturierungshilfen kann ein sicherer Rahmen entstehen, in dem man sich auch auf Veränderungen einlassen kann (bspw. ein anderer Ablauf). Pläne können (und müssen) sich manchmal ändern. Dies zu üben, ermöglicht später einen entspannteren Umgang mit Veränderungen – weil die Kinder wissen, dass sie sich auf »das andere« bzw. die gegebene Struktur, die Vorhersehbarkeit bietet und Änderungen erklärt, verlassen können (vgl. Häußler, 2022).

Strukturierungshilfen in Kindertagesstätten können sich auf verschiedene Ebene beziehen. So kann eine Aufgabe strukturiert werden, die Zeit und auch der Raum. Eine räumliche Strukturierungshilfe bedeutet bspw., durch Maßnahmen übersichtlicher zu gestalten, wo was stattfindet, wo sich Spielmaterialien oder Personen befinden. Eine räumliche Strukturierung gibt Sicherheit, weil sich die Kinder orientieren können. In vielen Einrichtungen wird dies evtl. unbewusst genutzt, in dem es einen Teppich gibt, auf dem der Kreis stattfindet, oder verschiedene Funktionsräume oder -ecken zur Verfügung stehen. Weitere Beispiele für räumliche Strukturierungshilfen sind definierte (ggf. auch zusätzlich mit Visualisierungen angezeigte) Orte für Spielmaterialien, durch Farben oder Möbelstücke abgegrenzte Bereiche (Teppiche, Raumteiler, Regale). Eine andersfarbige Tischdecke kann verdeutlichen, dass ein Tisch, der sonst für Essenssituationen genutzt wird, freigegeben ist für kreatives Gestalten. Auch durch einfache Hilfsmittel wie Kreide oder Kreppband kann eine räumliche Struktur spontan und schnell gegeben werden, bspw. um einem Kind zu verdeutlichen, bis wohin es bauen kann oder wie weit sein Sitzplatz beim Kreis oder am Tisch geht.

Eine zeitliche Strukturierung kann autistischen Kindern weiterhin ein Verständnis über die Dauer oder Länge geben. Durch Wecker, Timer, abgesprochene Uhrzeiten (falls das Kind die Uhr lesen kann) oder Sanduhren kann verdeutlicht werden, wie lange es noch Zeit für eine Aktivität hat oder wann eine Handlung beginnt. Da es autistischen Kindern oft schwerfällt, Aufgaben zu unterbrechen, kann eine zeitliche Strukturierungshilfe Übergänge erleichtern, weil sie nachvollziehbarer und vorhersehbarer sind. So kann sich ein Kind darauf einstellen, wenn bspw. die Sanduhr gestellt wird, dass es so langsam zu einem Ende kommen muss, weil nach Ablauf der Uhr die Aktivität beendet werden muss. Dies fördert eine personenunabhängige Eigenaktivität, da die Kinder lernen, sich und ihr Handeln an die Rahmenbedingungen anzupassen. Es reicht dann eine verbale Ansage (»Es sind nur noch fünf Minuten, dann räumen wir auf und gehen raus.«) und z. B. das Umdrehen der Sanduhr. Falls Übergänge oder das Beenden einer Tätigkeit schwierig sind, können autistische Kinder also von Hilfsmitteln zur Strukturierung der Zeit profitieren. Auch hier ist individuell zu überlegen, welche konkrete Strategie geeignet ist. Manche Kinder beobachten fasziniert das Rieseln des Sands in einer Sanduhr und richten ihre Aufmerksamkeit nur noch darauf. Sie werden durch den Sand abgelenkt. Andere Kinder nehmen ein mögliches Ticken eines Küchenweckers als sehr laut bzw. unangenehm war, was Stress verursacht oder verstärkt. Es gibt unzählige Hilfsmittel zur zeitlichen Strukturierung: welche, die die Rest-Zeit visuell anzeigen, welche, die ein akustisches und/oder visuelles Signal bei Ablauf der Zeit erzeugen usw. Daher ist es wichtig, den jeweiligen Effekt auf ein Kind zu hinterfragen und ggf. mehrere Hilfsmittel auszuprobieren, um ein mögliches entlastendes zu finden.

3.6 Unterstützungsimpulse und Anregungen nach Fähigkeitsbereichen

Die Strukturierung einer Aufgabe kann erleichtern, dass sich ein Kind auf eine Anforderung einlässt, die nicht seinem Interessensbereich entspricht. Eine strukturierte Aufgabe ist gekennzeichnet dadurch, dass sie eine vorhersehbare und nachvollziehbare (selbsterklärende) Aufgabenstellung hat (was wird von mir erwartet?) und ein definiertes und überschaubares Ende (wann ist es fertig?). Idealerweise ist die Aufgabe dabei attraktiv für das Kind, indem sie z. b. sein Interesse aufgreift, sodass es motivierter ist, sich mit dem Geforderten auseinanderzusetzen. Beispiele für bekannte strukturierte Aufgaben sind z. b. Aufgaben, bei denen Objekte in ein Behältnis geworfen werden müssen (Bastelstäbe in eine Dose, Bauklötze in einen Eimer o. ä.). Die Anforderungen können nach und nach gesteigert (bspw. erst ein Objekt, später mehr) und zu sehr komplexen Abläufen ausgebaut werden (bspw. eine Arbeitsklettmappe, in der nach Kategorien zugeordnet werden muss, oder mehrschrittige – aber durch z. B. Visualisierungen vorhersehbare – Arbeitsaufträge, z. B. Bastel- oder Backaufgaben). Der Ausbau einer Arbeitsmotivation und das Zurückstellen eigener Bedürfnisse und Spielimpulse ist sehr hilfreich im Hinblick auf die spätere Einschulung des Kindes.[52]

Beispiel: Wirkung einfacher Strukturierungshilfen

In einer Kindertageseinrichtung gab es Funktionsecken, in denen sich die Kinder zum Teil selbstständig bewegen konnten. Einen Atelier-Bereich gab es im eigentlichen Essensbereich. Sobald kreatives Arbeiten möglich war, wurden orangene Wachstischdecken auf die Tische gelegt, um zu signalisieren, dass hier gestaltet werden durfte. Ein Junge mit Autismus beschäftigte sich hier gerne und stempelte bevorzugt mit Buchstaben. Die Materialien waren in Schubfächern hinterlegt. Bildkarten zeigten den Inhalt der Fächer an. So konnte der Junge zunächst wahrnehmen, dass Stempeln gerade möglich ist, weil die entsprechende Tischdecke auf dem Tisch liegt. Dann konnte er ein Blatt und die Stempel aus den Schubfächern selbstständig holen. Anhand einer Verhaltenskarte wurde visualisiert, was die Kinder tun können, wenn ein Schubfach leer ist. Die Karte zeigte mithilfe von Bildern an: »Wenn das

---

52 Konkrete Ideen bzw. Anregungen sind bspw. bei Solzbacher, 2010 zu finden.

Schubfach leer ist, neues Papier aus dem Büro holen«. Im Büro saß die Leitung, die neues Papier rausgab. Der Junge konnte sich also selbstständig dort beschäftigen. Die Erzieherin, die bereits das Mittagessen vorbereitete, war in Reichweite, musste den Jungen in dieser Spielzeit aber nicht unterstützen. Um ihn auf das Ende seiner Aktivität vorzubereiten, ging sie zu ihm und sagte: »Du kannst noch fünf Minuten spielen. Dann ist Aufräumen, wir wollen gleich essen« und stellte eine Küchenuhr. Anhand der Strukturierungshilfen konnte der Junge sich auf diese Aktivität einlassen und sie selbst umsetzen.

In Kindertageseinrichtungen kann es für autistische Kinder schnell zu viel, zu laut und überfordernd werden. Besonders trubelige oder unübersichtliche Situationen oder Übergänge können zur Herausforderung werden. Autistische Kinder bleiben dann häufig beim Gewohnten, womit sie sich auskennen. Das ist anstrengend genug bzw. klappt mit den zur Verfügung stehenden Energie-Ressourcen noch. Sich mit etwas Neuem zu beschäftigen, wird eher vermieden. Rituale und gleiche Abläufe bieten Sicherheit und eine Vorhersehbarkeit, denn an gleichbleibenden Handlungsabläufen können sich Kinder orientieren. Um Verlässlichkeit zu garantieren, muss eine Maßnahme konsequent angeboten oder umgesetzt werden. Nur so ist es eine wirkliche Hilfe. Also sollte kleinschrittig vorgegangen werden – zum einen, damit sich das Kind zunächst mit einer Änderung auseinandersetzen kann, zum anderen, damit wenig Zeit und Kapazität erforderlich ist, um auch wirklich garantieren zu können, dass die überlegte Maßnahme durch die Kita-Fachkräfte zuverlässig umgesetzt werden kann.

> Ein kleiner Impuls, bspw. eine zielgerichtet eingesetzte Bildkarte, bewirkt dann mehr und nachhaltiger etwas, als wenn bspw. alles mit Bildkarten ausgestattet wird, aber keine Begleitung in der Anwendung stattfindet. Ein Grundsatz hier ist: So viel wie nötig, aber so wenig wie möglich.

In vielen Einrichtungen existieren bereits mehrere Visualisierungen oder Strukturierungshilfen. Diese bleiben ggf. noch von vorherigen Kolleg:innen bestehen, werden dann immer weiter ergänzt, sodass eine bunte

Landschaft entsteht. Auch aus einem Selbstverständnis heraus, »dass das einfach dazu gehört«, wachsen Pläne, Bilder usw. Dies sieht zwar ansprechend aus, für Kinder mit Autismus kann dies allerdings zu viel sein und ist dann keine Hilfestellung. Daher ist es ratsam, innerhalb der Einrichtung bzw. im Team zu reflektieren: Was ist wirklich sinnvoll – für wen und wozu? Sonst wird es immer mehr und keine:r weiß am Ende mehr, warum z. B. der eine Plan eigentlich angebracht wurde. Von gezielten und geplanten Unterstützungsangeboten, die individuell auf das Kind bezogen sind, profitiert es am meisten.

4 Abschließendes

Die Anforderungen in Kindertageseinrichtungen werden komplexer. Durch verschiedene politische oder gesellschaftliche Faktoren, wie bspw. den Fachkräftemangel, verschärfen sich oftmals die Arbeitsbedingungen. Dazu kommt die Vorgabe, inklusiv(er) zu werden und allen Kindern einen Platz in der Einrichtung zu ermöglichen. Durch die Übernahme der UN-Behindertenrechtskonvention ist schließlich auch rechtlich definiert, dass kein Kind vom allgemeinen Bildungssystem ausgeschlossen werden darf. Dennoch ist die Umsetzung erschwert und bringt pädagogische Fachkräfte an ihre Grenzen.

Da es inzwischen eine sensiblere Wahrnehmung für entwicklungsauffällige Kinder in Kindertageseinrichtungen gibt, ist es als Fachkraft oft schwer, den Überblick zu behalten. Die Anforderungen sind hoch und der Druck ist gegeben, sich möglichst gut in vielen Bereichen auszukennen, die Kinder entsprechend zu fördern und die Eltern passend zu beraten. Auch im Kontext von Autismus ist es wichtig, dass frühe Anzeichen gesehen werden. Eine frühzeitige Diagnostik kann eine gezielte Förderung und Unterstützung ermöglichen, um spätere Folgeschwierigkeiten zu minimieren oder abzuwenden. Die Symptome einer Autismus-Spektrum-Störung lassen sich im Verhalten beobachten und betreffen mehrere Bereiche. Der übergeordnete Blick, eine sensible Beobachtung und Reflexion sowie Absprache im Team sind elementar, um Entwicklung einzuschätzen und besondere Bedarfe aufzudecken.

Natürlich gibt es trotz aller Bemühungen Konstellationen, die einfach nicht zusammenpassen. Nicht jedes Konzept einer Kindertageseinrichtung passt zu jedem Kind oder zu jeder Familie. Theoretisch vorhandene Rahmenbedingungen können manchmal aus verschiedenen Gründen praktisch nicht umgesetzt werden. Auch wenn Inklusion kein neuer Gedanke mehr ist, wird sie noch lange nicht in allen Einrichtungen umgesetzt. Wenn man die Bedürfnisse eines Kindes mit besonderen Bedarfen nicht erfüllen kann, sollte offen, ehrlich und direkt mit den Eltern darüber kommuniziert werden. Im besten Fall kann gemeinsam eine Lösung entwickelt werden, um Teilhabe-Barrieren zu überwinden. Dennoch gibt es viele Dinge, die trotz Zeit- oder Personalmangel umgesetzt werden können. Vermeintliche Kleinigkeiten, und sei es »nur« die eigene Flexibilität, Anforderungen wegzunehmen (bspw., dass das Kind nicht am Morgenkreis teilnehmen muss), bringen häufig schon große Erleichterungen – für *alle* Beteiligten.

Nur, weil ein Kind eine Diagnose hat oder besondere Bedürfnisse einfordert, heißt es nicht, dass man Expert:in sein muss. Sich Zeit zu nehmen, sich die Situation anzuschauen und zu überprüfen, welche Rahmenbedingungen verändert werden können, um auf die Bedürfnisse des Kindes einzugehen, kann jede Einrichtung leisten, um zu unterstützen. Für Eltern eines Kindes mit besonderen Bedarfen entsteht schnell ein Gefühl, dass ihr Kind nicht gewollt, unerwünscht ist oder nicht hineinpasst. Auch, dass ihr Kind »anstrengend« oder eine »Belastung« sei, bekommen Eltern dann häufig sogar direkt und unvermittelt zu hören. Diese Rückmeldungen verunsichern Eltern sehr – vermutlich wurden sie erst kürzlich damit konfrontiert, dass ihr Kind eine Diagnose erhalten hat und sich anders entwickelt als erwartet. Die Sorge, ob das Kind in seinem Leben zurechtkommen wird, wird zum ständigen Begleiter. Dazu kommen Stolpersteine: Wartezeiten, Anträge, Formulare. Auch wenn der Wille da ist, gestaltet sich die Umsetzung von Vorschlägen oder Hilfsangeboten oft schwierig und dauert lange. Wenn dann mit der Situation überforderte Fachkräfte (unreflektiert) rückmelden, das Kind sei nicht tragbar und könne die Einrichtung nicht mehr besuchen, verursacht das bei Familien oft ein starkes Gefühl von Hilflosigkeit.

Daher ist von großer Bedeutung, die eigene Haltung zu hinterfragen. Die Bereitschaft, die besonderen Bedürfnisse eines Kinds wahrnehmen zu wollen und auf diese einzugehen, sollte selbstverständlich sein. Jedoch kommt es bei Fachkräften zu Verunsicherungen, die vermutlich mehrere (und durchaus berechtigte) Auslöser haben. Dabei spielt die Haltung eine bedeutende Rolle. Wenn man herausfordernde Verhaltensweisen als »schwieriges Verhalten« wahrnimmt, weil man regelmäßig erlebt, dass man an eigene Grenzen kommt und ein Gefühl permanenter Überforderung existiert, vergeht die Kraft, sich konstruktiv mit dem Verhalten und der Situation auseinanderzusetzen. Hilfreich sind frühzeitige Reflexion fordernder Situationen, Maßnahmen zur Selbstfürsorge, Absprachen und Planung von Interventionen im Team und eine offene und transparente Kommunikation mit den Eltern. Denn alle wollen das gleiche Ziel erreichen: das Kind bestmöglich unterstützen, sodass es auf die spätere Einschulung und Anforderungen des Lebens vorbereitet wird.

Literaturverzeichnis

Al-Ghani, K. I. (2015): Das rote Dings. Wie Kinder mit und ohne Asperger-Syndrom lernen, ihre Wut zu bezähmen. Lübeck: LIBELLUS Autismusverlag.
Arens-Wiebel, C. (2013): Geschwister ABC. Für Brüder und Schwestern von Kindern und Jugendlichen mit Autismus und Asperger Syndrom. Autismus Bremen e. V.
Arens-Wiebel, C. (2019): Autismus. Was Eltern und Pädagogen wissen müssen. Stuttgart: Kohlhammer.
Attwood, T. (2019): Leben mit dem Asperger-Syndrom. Von Kindheit bis Erwachsensein – alles was weiterhilft. Stuttgart: TRIAS in Georg Thieme Verlag.
autismus Deutschland e. V. (2023): Elternratgeber Autismus-Spektrum. autismus Deutschland e. V.
Ayres, J. (2016): Bausteine der kindlichen Entwicklung: Sensorische Integration verstehen und anwenden (6., korrigierte Auflage). Heidelberg: Springer Verlag.
Batts, B. (2010, übersetzt von A. Graf 2013): Aufs Klo, fertig, los! Toilettentraining von Kindern mit Autismus und anderen Entwicklungsstörungen. Tübingen: dgvt-Verlag.
Beller, S. (2016): Kuno Bellers Entwicklungstabelle 0–9 (10., überarbeitete Auflage). Berlin: Forschung und Forschung in der Kleinkindpädagogik.
Bernard-Opitz, V. (2020): Kinder und Jugendliche mit Autismus-Spektrum-Störungen (ASS). Ein Praxishandbuch für Therapeuten, Eltern und Lehrer (4., erweiterte und überarbeitete Auflage). Stuttgart: Kohlhammer.
Bernard-Opitz, V. (2014): Visuelle Methoden in der Autismus-spezifischen Verhaltenstherapie (AVT). Das »Cartoon und Skript-Curriculum« zum Training von Sozialverhalten und Kommunikation. Stuttgart: Kohlhammer.
bhp e. V. (2014): Heilpädagoginnen und Heilpädagogen in Kindertagesstätten. Positionspapier. Online verfügbar unter: https://bhponline.de/download/BHP%20Informationen/BHP%20Stellungnahmen,%20BHP%20Position/20140904-P03-Heilpaedagogen-Kita-2.pdf, Zugriff am 30.05.2024.
Baker, J. (2014): Soziale Foto-Geschichten für Kinder mit Autismus. Visuelle Hilfen zur Vermittlung von Spiel, Emotion und Kommunikation. Stuttgart: Kohlhammer.
Bölte, S. & Kamp-Becker, I. (2024): Autismus (4., aktualisierte Auflage). Stuttgart: utb.

Literaturverzeichnis

Bölte, S. & Poustka, F. & Rühl, D. & Schmötzer, G. (2006): Diagnostisches Interview für Autismus-Revidiert. Deutsche Fassung des ADI-R. Göttingen: Hogrefe.

Bücken-Schaal (Autorin), M. & Pohl, G. (Illustratorin) (2024): Gefühle-Domino: Denk- und Legespiel zu Emotionen im Alltag. Für Kinder von 4–8 Jahren. Gefühle verstehen und darüber sprechen: Emotionsarbeit mit Bildkarten (2. Auflage). München: Don Bosco Medien.

Caby, F. & Caby, A. (2017): Die kleine Psychotherapeutische Schatzkiste Teil 1. Tipps und Tricks für kleine und große Probleme im Kindes-, Jugend- und Erwachsenenalter (4., überarbeitete und erweiterte Auflage). Dortmund: Borgmann Media.

Cornago, A. (2019): Praxis Frühförderung Autismus. Strategien-Aktivitäten-Materialien. Autismus Hamburg e. V.

Dilling, H. & Freyberger, H. (Hrsg.) (2019): Taschenführer zur ICD-10-Klassifikation psychischer Störungen. Göttingen: Hogrefe.

Dodd, S. (2007): Autismus. Was Betreuer und Eltern wissen müssen. Heidelberg: Spektrum Akademischer Verlag.

Döringer, I. & Rittmann, B. (Hrsg.) (2020): Autismus: Frühe Diagnose, Beratung und Therapie. Das Praxisbuch. Stuttgart: Kohlhammer.

Elvén, B. H. (2015): Herausforderndes Verhalten vermeiden. Menschen mit Autismus und psychischen oder geistigen Einschränkungen positives Verhalten ermöglichen. Tübingen: dgtv-Verlag.

Erdélyi, A. & Hennig, B. & Klaus-Karwisch, B. & Mischo, S. & Schlünz, G. (2022): Oldenburger Inventar für Unterstützte Kommunikation. OLI für UK. Handreichung und Inventar. Dortmund: Verlag modernes lernen.

Ernsperger, L. & Stegen-Hanson, T. (2004, übersetzt von R. Keusen 2015): Probier doch mal! Einfache und nützliche Antworten bei Abneigung gegen Nahrungsmittel und herausforderndem Essverhalten. St. Gallen: Autismusverlag.

Fiske, A. (2024): Alle haben einen Po. München: Hanser, Carl, Verlag.

Geisler, D. (2020): Wie ist das mit dem Ärgern? Bindlach: Loewe Verlag.

Geisler, D. (2014): Wohin mit meiner Wut? (3. Auflage). Bindlach: Loewe Verlag.

Girsberger, T. (2024): Die vielen Farben des Autismus. Spektrum, Ursachen, Diagnose, Therapie und Beratung (7., aktualisierte Auflage). Stuttgart: Kohlhammer.

Girsberger, T. (2023): Mit Autismus den Alltag meistern. Praktische Hilfen für Kinder und Jugendliche im Autismus-Spektrum (2. Auflage). Stuttgart: Kohlhammer.

Görisch, O. (2017): KurzCHECK Sprachliche Entwicklung von Kindern (4. durchgesehene Auflage). Hamburg: Verlag Handwerk und Technik.

Gray, C. (2014): Das neue Social Story Buch. St. Gallen: Autismusverlag.

Greving, H. & Ondracek, P. (2019): Heilpädagogisches Denken und Handeln. Eine Einführung in die Didaktik und Methodik der Heilpädagogik (2., überarbeitete Auflage). Stuttgart: Kohlhammer.

Gutstein, S. & Sheely, R. (2002): Relationship Development Intervention with Children, Adolescents and Adults. Jessica Kingsley Publisher.

Haberkorn, S. & Hohmann, U.-C. (2021): Bunte Steine – Mein Entwicklungshaus (3. überarbeitete Auflage). Berlin: BHP Verlag.

Habermann, L. & Kißler, C. (2022): Das autistische Spektrum aus wissenschaftlicher, therapeutischer und autistischer Perspektive. Wiesbaden: Springer Fachmedien.

Hahnenberg, U. & Diebhaus, D. (2013): Das große Förder-Spiele-Buch. Dortmund: Borgmann Media.

Hartmann, H. (2011): Erweiterte Aufmerksamkeits-Interaktions-Therapie – AIT. Kleines Lehrbuch der modernen Autismus-Therapie mit dialogischem Schwerpunkt. Tübingen: dgvt-Verlag.

Häußler. A. (2022): Der TEACCH Ansatz zur Förderung von Menschen mit Autismus. Einführung in Theorie und Praxis (6., verbesserte Auflage). Dortmund: Verlag modernes lernen.

Häußler, A. & Tuckermann, A. & Kiwitt, M. (2014): Praxis TEACCH. Wenn Verhalten zur Herausforderung wird. Dortmund: Borgmann Media.

Heimlich, U. & Ueffing, C. (2021): Leitfaden für inklusive Kindertageseinrichtungen. Kita Fachtexte Nr. 05/21. Online verfügbar unter: https://www.kita-fachtexte.de/fileadmin/user_upload/210518_KitaFachtexte_Heimlich_01.pdf, Zugriff am 30.05.2024.

Höke, Julia (2011): Die Bedeutung des Spiels für die kognitive Entwicklung. Online verfügbar unter: https://www.kita-fachtexte.de/fileadmin/Redaktion/Publikationen/KiTaFT_Hoeke_2011.pdf, Zugriff am 21.12.2024.

Hoopmann, K. (2013): So seh ich deine Welt, willst du auch meine sehen? Lübeck: LIBELLUS Autismusverlag.

Janert, S. (2016): Autistischen Kindern Brücken bauen. Ein Elternratgeber (3. Auflage). München: Ernst Reinhardt.

Janert, S. & Zirnsak, A. & Acerbi, I. & Hohndorf, S. (2023): Autismus beziehungsorientiert behandeln. Handbuch zur DIRFloortime-Methode (2. Auflage). München: Ernst Reinhardt.

Kingsley, E. (1987): Willkommen in Holland. Online verfügbar unter: https://autismus-kultur.de/willkommen-in-holland/, Zugriff am 19.06.2024.

Kiphard, E. (2014): Wie weit ist ein Kind entwickelt? Eine Anleitung zur Entwicklungsüberprüfung (13. Auflage). Dortmund: Verlag modernes lernen.

Klein, H. & Osberghaus, M. (2023): Alle behindert! (6. Auflage). Leipzig: Klett Kinderbuch Verlag.

Körfer-Mommertz, N. & Schweinsberg, A. & Nießen, S. & Scheina, D. (o.J.): Kinder in der Kita heilpädagogisch begleiten und fördern. Inklusion im Kontext einer Regeleinrichtung. Berlin: BHP Verlag.

Kreul, H. (2014): Ich und meine Gefühle (2. Auflage). Bindlach: Loewe Verlag.

Kruse, K. (2023): Mein Kind ist behindert – diese Hilfen gibt es. Überblick über Rechte und finanzielle Leistungen für Familien mit behinderten Kindern. bkmv. Online verfügbar unter: https://bvkm.de/ratgeber/mein-kind-ist-behindert-diese-hilfen-gibt-es/, Zugriff am 30.05.2024.

Kruse, K. & Strauß, M. (2019): Freiheitsentziehende Maßnahmen bei Kindern in Einrichtungen. Merkblatt zur neuen richterlichen Genehmigungspflicht. bkmv. Online verfügbar unter: https://bvkm.de/wp-content/uploads/2019/08/fem_merk blatt.pdf, Zugriff am 30.05.2024.

Lietzke, A. & Häußler, A. & Tuckermann, A. (2024): »Komm mal runter! – Bleib cool!« Autismusfreundliche Strategien zur Spannungsregulierung. Dortmund: Verlag modernes lernen.

Lindmeier, C. & Sallat, S. & Ehrenberg, K. (Hrsg.) (2023): Sprache und Kommunikation bei Autismus. Stuttgart: Kohlhammer.

Lindmeier, C. & Lindmeier, B. & Langenhoff, J. (Hrsg.) (2024): Schulassistenz bei Autismus. Stuttgart: Kohlhammer.

Löffel, H. & Manske, C. (2016): Ein Dino zeigt Gefühle (15. Auflage). Köln: Verlag mebes & noack.

Matzies-Köhler, M. (2015): Sozialtraining für Menschen im Autismus-Spektrum (AS) (2., überarbeitete Auflage). Stuttgart: Kohlhammer.

Mueller, D. (2014): Davids Welt: Vom Leben mit Autismus. Berlin: Ueberreuter Verlag.

Nashef, A. (2025): Schülerinnen und Schüler mit Autismus unterstützen und begleiten. Stuttgart: Kohlhammer.

Nikopolulous, C. & Bernard-Opitz, V. (2016): Lernen mit ABA und AVT. Applied Behavior Analysis und Autismusspezifische Verhaltenstherapie. Stuttgart: Kohlhammer.

Notbohm, E. & Zysk, V. (2019): 1001 Ideen für den Alltag mit autistischen Kindern und Jugendlichen. Praxistipps für Eltern, pädagogische und therapeutische Fachkräfte. Freiburg: Lambertus Verlag.

Paschke-Müller, M. & Biscaldi, M. & Rauh, R. & Fleischhaker, C. & Schulz, E. (2016): TOMTASS-Theory-of-Mind-Training bei Autismusspektrumstörungen. Freiburger Therapiemanual für Kinder und Jugendliche (2. Auflage). Heidelberg: Springer Verlag.

Poustka, F. & Bölte, S & Schmötzer, G. & Feineis-Matthews, S. (2009): Ratgeber – Autistische Störungen. Informationen für Betroffene, Eltern, Lehrer und Erzieher (2. Auflage). Göttingen: Hogrefe.

Poustka, L. & Rühl, D. & Feineis-Matthews, S. & Poustka, F. & Hartung, M. & Bölte, S. (2015): Diagnostische Beobachtungsskala für Autistische Störungen – 2. Deutschsprachige Fassung der ADOS – 2. Göttingen: Hogrefe.

Preißmann, C. (2013): Überraschend anders: Mädchen & Frauen mit Asperger. Stuttgart: TRIAS in Georg Thieme Verlag.

Reichenbach, C.& Thiemann, H. (2013): Lehrbuch diagnostischer Grundlagen der Heil- und Sonderpädagogik. Dortmund: Verlag modernes lernen.

Rickert-Bolg, W. (2017): Autismus verstehen. Autistische Symptome als Bewältigungsstrategie für eine abweichende kognitive Informationsverarbeitung. In: B. Rittmann & W. Rickert-Bolg (Hrsg.), Autismus-Therapie in der Praxis. Methoden, Vorgehensweisen, Falldarstellungen (S. 15–27). Stuttgart: Kohlhammer.

Rittmann, B. (2013): Einzigartig anders – Kinder mit Autismus in der Kita, KiTa aktuell 10, S. 229–232.

Rittmann, B. & Rickert-Bolg, W. (Hrsg.) (2017): Autismus-Therapie in der Praxis. Methoden, Vorgehensweisen, Falldarstellungen. Stuttgart: Kohlhammer.

Robins, D. & Fein, D. & Barton, M. & Green, J. (2001): The Modified Checklist for Autism in Toddlers: An initial study investigating the early detection of autism and pervasive developmental disorders. Journal of Autism and Developmental Disorders. Deutschsprachige Adaption von Bölte, S. (2005). Online verfügbar unter: https://www.mchatscreen.com/m-chat/translations/, Zugriff am 12.06.2024.

Rogers, S. & Davis, G. (2014): Frühintervention für Kinder mit Autismus. Das Early Start Denver Model. Bern: Verlag Huber.

Rogers, S. & Dawson, G. & Vismara, L. (2016): Frühe Förderung für Ihr Kind mit Autismus. Das Early Start Denver Model in der Praxis (übersetzt von I. Seidel). Paderborn: Junfermann Verlag.

Schirmer, B. (2018): Elternleitfaden Autismus. Wie Ihr Kind die Welt erlebt. Mit gezielten Therapien wirksam fördern. Stuttgart: TRIAS in Georg Thieme Verlag.

Schlaaf-Kirschner, K. (2014): Der Beobachtungsbogen für Kinder von 3–6: Mit Tipps und Materialien für die Kita-Praxis. Mülheim an der Ruhr: Verlag an der Ruhr.

Schlee, J. (2019): Kollegiale Beratung und Supervision für pädagogische Berufe (4., erweiterte Auflage). Stuttgart: Kohlhammer.

Schlichting, H. & Gelhaus, M. & Nüßlein, F. (2023): Herausforderung Schmerzen bei Menschen mit geistiger und Komplexer Behinderung. Marburg: Lebenshilfe-Verlag.

Schopler, E. & Reichler, R. & Bashford, A. & Lansing, M. & Marcus, L. (2018): PEP-R. Entwicklungs- und Verhaltensprofil (4. Auflage). Dortmund: Verlag modernes lernen.

Schreiter, D. (2014): Schattenspringer 1, Wie es ist, anders zu sein. Stuttgart: Panini Comics.

Schuchardt, E. (2018): Warum gerade ich…? Leben lernen in Krisen (14. veränderte, erweiterte Auflage). Göttingen: Vandenhoeck & Ruprecht.

Sif, Birgitta (2013): Oliver. Hamburg: Aladin Verlag.

Solzbacher, H. (2010): Von der Dose bis zur Arbeitsmappe. Ideen und Anregungen für strukturierte Beschäftigungen in Anlehnung an den TEACCH-Ansatz. Dortmund: Borgmann Media.

Stadt Wolfsburg: Wachsen und Reifen. Online verfügbar unter: https://www.wolfsburg.de/wachsenundreifen, Zugriff am 14.12.2024.

Tschirren, B. & Hächler, P. & Mambourg, M. (2019): Ich bin Loris (korrigierter Nachdruck). Köln: BALANCE buch + medien Verlag.

Tebartz van Elst, L. (2018): Autismus und ADHS (2. Auflage). Stuttgart: Kohlhammer.

Vereinte Nationen (UN) (2009): Die UN-Behindertenrechtskonvention. Übereinkommen über die Rechte von Menschen mit Behinderungen. Online verfügbar beim Beauftragten der Bundesregierung für Belange von Menschen mit Behinderungen Dusel, J. in der amtlichen deutschen Übersetzung: https://www.institut-fuer-menschenrechte.de/fileadmin/Redaktion/PDF/DB_Menschenrechtsschutz/CRPD/CRPD_Konvention_und_Fakultativprotokoll.pdf, Zugriff am 30.05.2024.

Vermeulen, P. (2016): Autismus als Kontextblindheit. Göttingen: Vandenhoek & Ruprecht.

Vermeulen, P. (2024): Autismus und das prädikative Gehirn. Absolutes Denken in einer relativen Welt. Freiburg: Lambertus Verlag.

Voigt, F. (2020): Frühdiagnostik und Frühtherapie bei Autismus-Spektrum-Störungen. München: Ernst Reinhardt.

Wagner, L. (2018): Der Junge, der zu viel fühlte. Wie ein weltbekannter Hirnforscher und sein Sohn unser von Autismus für immer verändern (3. Auflage). München: Europa Verlag.

Waigand, M. & Castaneda, C. & Fröhlich, N. (2019): (k)eine Alternative haben zu herausforderndem Verhalten?! Ein Praxishandbuch für Eltern, pädagogische Fachkräfte, Therapeuten und Interessierte. Heigenbrücken: UK-Couch.

Weinberger, S. (2015): Kindern spielend helfen – Einführung in die Personenzentrierte Spielpsychotherapie (6., überarbeitete Auflage). Weinheim: Beltz Juventa.

Williams, J. & Scott, F. & Stott, C. & Allison, C. & Bolton, P. & Baron-Cohen, S. & Brayne, C. (2005): The CAST (Childhood Asperger Syndrome Test). SAGE Publications and The National Autistic Society Vol. 9, S. 45–68. Online verfügbar unter: https://docs.autismresearchcentre.com/papers/2004_Williams_etal_CAST.pdf, Zugriff am 12.06.2024.